少年读

杜甫

/乱世沉浮/

王兆胜
王子罕 著

青岛出版集团 | 青岛出版社

第一章 | 关山难越

002　边城的忧思
005　咫尺即天涯
009　失路之人

第二章 | 锦城春秋

024　杜甫草堂
031　冬去春来
037　安得广厦千万间

第三章 | 蜀中风云

050　赠花卿
054　两粒定心丸
058　动荡的夏天

第四章 | 永无宁日

066　长夜终尽？
070　烽烟再起
074　失望与希望

第五章 | 老骥伏枥

086　人生又一春
090　友谊的枷锁
092　最后的礼物
098　卧病云安城

第六章 | 夔州叹

112　异乡为异客
115　怀古与悲秋
124　归田园居
128　又见剑器舞

第七章 | 无尽归途

142　天地一沙鸥
144　小吏最相轻
149　登岳阳楼
153　第三次望岳

第八章 | 落花时节

162　未读的来信
167　江南遇故人
170　最后的逃难
173　未完的心愿
178　尾声

第一章
关山难越

唐肃宗乾元二年（759）夏
——唐肃宗乾元二年（759）冬

边城的忧思

回到华州,一路上百姓流离失所、朝不保夕的惨状,让杜甫对朝廷彻底失望了。这司功参军的活儿,杜甫再也干不下去了。

然而眼下,洛阳危在旦夕,长安又回不去。杜甫想了半天,觉得现在比较安全的地方,只有西边的秦州❶和四川了。

秦州是个边塞城市,离中原比较远,交通也不便。就算叛军打到洛阳或长安这边了,一时半会儿也打不到秦州,真打到秦州了,杜甫从那儿再带着家人逃去其他地方也方便。

再说,杜甫现在没了收入,只能依靠亲朋好友帮助。秦州正好有几个和他关系不错的人,或许可以接济他们一家呢。

于是,杜甫带着满腹心事和愁思,和家人向西而行,一路翻越了险峻的陇山❷和大震关❸。大震关地势非常险要,是通往西域的交通要道。玄奘当年就是从这里去的秦州,文成公主也是途经这里嫁去

---

❶ 秦州:今甘肃省天水市一带。
❷ 陇山:位于六盘山南段,古称陇坂、陇坻。在今陕西省陇县、宝鸡市陈仓区与甘肃省清水县、张家川回族自治县之间。
❸ 大震关:据传因汉武帝至此遇雷震而命名。在今甘肃省清水县东陇山南,是古代的重要关隘。

了吐蕃。

陇山古道上，满满的都是饥肠辘辘的灾民，他们和杜甫一样背井离乡，去西边找生路。秦州那边是多民族混居，环境比较复杂。杜甫不放心那边的情况，见着从秦州方向过来的人，就仔细打听那边到底安不安全。

就这样，杜甫一路提心吊胆，总算到了秦州，在城里找了个地方住了下来。

都说无官一身轻，杜甫和秦州的官员不熟，到了这边，正好免去了一些应酬。然而杜甫一下子闲下来，却不知道该干啥好了。

走在秦州凋敝的街市上，看着眼前残破的古迹、萧瑟的风景，想到大唐的过去、现在和未来，杜甫唯有沉默，垂泪叹息。

秦州有不少归顺唐朝的外族人，更有许多军队和使节来来往往。现在，叛军又起，前线兵力不足，朝廷就从关外调兵，而调来的兵马很多都要路过秦州。杜甫经常听见城墙上传来号角声和鼓乐声。

此时正值秋天，万物凋零。秋天本来就是让人容易感到伤感的季节，秋雨还一直滴滴答答下个不停。每次见到军队和使节入城，杜甫心中就涌起一种沉甸甸的使命感。不知不觉间，他把复兴大唐的希望寄托在了这些奉命为国家解忧的人身上。然而，他又无奈地发觉，自己越是关注前线的战况，就觉得自己离战场和朝廷越来越遥远了，因为这些军国大事已经轮不到他去忧虑了。

现在，大唐王朝可以说是四面楚歌。

关内，唐军在和叛军作战；而关外，大唐也有很多隐患。比如秦州这边，很多外族人表面上归顺大唐，但他们到底怎么想的，谁又知道呢？

原本镇守边疆的士兵都被调去平叛了，边疆兵力空虚，吐蕃会不会乘虚而入呢？

杜甫看得越多，想得也越多。他的心被这些事越塞越满，堆积成化不开的心结。

现在，杜甫只是个普通百姓，一家人的吃饭问题都只能依靠亲友的接济与他卖药的收入来解决，他为何仍在为国家大事、为百姓能否安居乐业而操心？

那是因为，杜甫无论身居何位，都有着一颗拳拳的爱国忧民之心。纵然他身无分文、病痛缠身，但只要他看见百姓的挣扎、听到黎民的呻吟，他就忍不住用手中的笔字字泣血地记录下来。在这一时期的杜甫的诗歌中，我们能体会到他对百姓生存状态的关切，对自己无所作为的现状的无奈，以及对他所热爱的国家与人民深陷战争泥潭的痛心。

咫尺即天涯

在忧国忧民之余,杜甫还非常想念自己的朋友们。

秋天,杜甫得了疟疾,发烧烧得直哆嗦,还吐个不停。大病初愈后,他给老友高适和岑参写信。想到他们才华又高,又得国家重用,可以为百姓做实事,杜甫真是羡慕极了。

杜甫还有几位苦命的朋友,比如因为房琯被贬的贾至和严武。在写给他们的信中,杜甫言辞激烈,对皇帝只考虑政治博弈而埋没人才的行为,深感痛心![1]

此外,由于刚到秦州时,杜甫听到李白在被流放夜郎[2]的路上堕水亡故的谣言,他既难过又担心,格外思念这位老友。和李白欢聚宴饮的往事,一幕幕在杜甫的脑海里翻涌,无法停止。

谁能想到,鲁郡一别,两人就是永别了呢!

前几年,永王李璘兵败被杀。李白作为永王的幕僚逃了一阵儿,

---

[1] 参见《寄彭州高三十五使君适虢州岑二十七长史参三十韵》《寄岳州贾司马六丈巴州严八使君两阁老五十韵》。

[2] 夜郎:今贵州省遵义市桐梓县一带。

最后还是被抓住了。幸好，李白好友的儿子宋若思将他救了出来，好生相待。但没想到，宋若思太过天真，此时好好藏着李白还来不及呢，可他居然去跟朝廷大力举荐李白，因此弄巧成拙——唐肃宗追究起李白跟随永王谋逆的罪责，把他流放到了遥远的夜郎。

杜甫很早就知道李白被流放的事，却不知道他半路被赦免了。想到李白要去那蛮荒之地，走的还可能是屈原当年走过的路，如今更是生死未卜，杜甫的心中真是难过极了。

在杜甫看来，李白肯定是被冤枉的啊！他那么想建功立业，怎么可能当反贼呢？然而，就算杜甫想营救他，也是无能为力。毕竟就连身为节度使的高适，为了能继续为国效力，都只能忍痛保持沉默，无视李白的求救。作为遭到贬谪的人，杜甫除了能为李白写几首鸣冤的诗，还能做些什么呢？

在这个凄冷的秋天里，身在秦州的杜甫实在太想念李白了，连着三天都梦见了他。这事越想越奇怪：李白如今生死未卜，一直没有消息，难不成他真死在了路上，魂灵过来托梦了？

每次梦醒，月光将树影描画在墙壁上，杜甫看着头顶影影绰绰的房梁，虚虚实实、恍恍惚惚中，他真不知道自己是回到了悲凉的现实，还是仍然沉睡在噩梦中。

在秦州，杜甫给李白写了好几首诗，因为听信了传闻，他已经把李白当成故去的朋友来哀悼和祭奠了。杜甫甚至忍不住悲观地想：李白这位本应名垂千古的奇才，活着的时候，只是繁华京城里的一个孤独又憔悴的过客；离开人世后，也只能在知己心中，留下无尽的寂寞与哀思。

> 浮云终日行，游子❶久不至。三夜频梦君，情亲见君意❷。
> 告归常局促，苦道来不易。江湖多风波，舟楫恐失坠。
> 出门搔白首，若负平生志。冠盖❸满京华，斯人❹独憔悴。
> 孰云网恢恢❺，将老身反累。千秋万岁名，寂寞身后事❻。
> ——《梦李白二首（其二）》

幸好，念念不忘，必有回响。

李白得到赦免的消息终于传到了秦州。杜甫一直惦记着李白的安危，祈祷他能挺过这道难关，没想到竟真的如愿了。他按捺不住心中的狂喜，立刻给李白写信，勉励了李白一番。杜甫想让这位不幸的天才知道，他的才华，有人一直看在眼里。

---

❶ 游子：指李白。
❷ 情亲见君意：此句是对李白说的，意思是，连着三个晚上你都到我梦里来，足见你对我情深义重。
❸ 冠盖：指达官贵人。冠，头上的官帽。盖，车上的篷盖。
❹ 斯人：这人，指李白。
❺ 网恢恢：天网恢恢，疏而不漏。这里指抓捕永王李璘一党的法网。
❻ 千秋万岁名，寂寞身后事：意思是，即便李白注定流芳百世，也是他过完这寂寞人生之后的事了。

> 昔年有狂客❶，号尔❷谪仙人。
> 笔落惊风雨，诗成泣鬼神。
> ——《寄李十二白二十韵》

杜甫惦记着世上的纷纷扰扰，搞得自己无比憔悴。他担心黎民百姓、惦念远在天涯的亲朋好友，也无法忽视自己凄惨的处境。对杜甫来说，现下唯一的安慰，可能就是家人们始终对他不离不弃了。

杜甫读陶渊明的诗，笑他不够洒脱——陶渊明的几个孩子，整天让他操心又头疼，让人看来好气又好笑。

然而，看着自己的儿女，杜甫其实特别理解陶渊明的心情。不管他的心境如何凄凉，家人总能给他继续向前的力量。

杜甫除了求秦州的亲友多给些吃的用的，还请人帮他弄了只小猴子，来陪他那些从小就受苦、又缺少父亲陪伴的孩子们玩耍。不能让儿女健康快乐地成长，杜甫一直很愧疚，也很自责，他只能通过做这些小事来补偿他们。❸

杜甫还有个同样被贬的好友，叫赞上人。他曾建议杜甫去秦州城南的西枝村建个草

---

❶ 狂客：指贺知章，唐朝著名诗人、书法家、官员。
❷ 号尔：叫你。贺知章第一次读李白的诗，称他为"谪仙人"。
❸ 参见《遣兴五首（其三）》《从人觅小胡孙许寄》。

堂,从此隐居。不过,当时杜甫没钱,这事只能作罢。

杜甫还有个叫杜佐的族侄,就在秦州乡下居住。杜甫挺羡慕这个族侄的。如果他能跟杜佐这样,在云雾缭绕的山谷里盖一座草堂,种种蔬菜和庄稼,没事就在竹林里一躺,想喝酒就喝酒,想睡觉就睡觉,那该多快活啊!❶

然而杜甫也明白,国家一日不恢复安定,自己的畅想就无法实现。想到这里,隐居避世的念头又被他那颗拳拳忧国爱民之心压了下去。他最想做的,还是帮助百姓重新过上安居乐业的生活啊。

失路之人

杜甫在秦州待了三个多月,一直没找到合适的住处。他的手头越来越紧,搬家的事也一拖再拖。

正好这时候,杜甫收到了一位"朋友"的来信。这位老兄在秦州南边的同谷❷当官,他虽然从未和杜甫见过面,却像老朋友一样热情

---

❶ 参见《寄赞上人》《示侄佐》《佐还山后寄三首》。
❷ 同谷,今甘肃省陇南市成县一带。

豪爽地邀请杜甫前去定居。

杜甫这人也太实诚了，别人假意地客套几句，他竟真信了。再加上他听说同谷气候宜人、物产丰富，确实适合安家，便带着一家老小出发了。杜甫一家一路上忍饥挨饿、翻山越岭，还要时刻担心着豺狼虎豹的袭扰，真可谓每一步都在与恶劣的自然环境奋勇搏斗。可即使如此艰难，杜甫仍没有忘记记录沿途所见的百姓的苦难。为解苍生之忧，他无时无刻不在奉献自己的心力！

然而，令杜甫万万没想到的是，等他们一家辛辛苦苦到了同谷，那个"朋友"却不招待他们了！

满心的期待突然落空，杜甫气得说不出话来，不知道接下来还能投奔谁。

关山难越，谁悲失路之人？

那个同谷的官员原本只是顺手写了几句漂亮话，根本没真想揽下这个"麻烦"。但对杜甫来说，为了搬到同谷，他可是把一家的性命都托付出去了啊！

一个天真的决定，几乎让杜甫一家走上绝路。

杜甫在同谷比在秦州的时候过得还惨。冬天到了，家人们又冷又饿，一个接一个生起病来。杜甫没钱买吃的，便打算跟在猴子后面捡些苦涩的橡栗给家人充饥；没钱抓药，他又想上山挖黄独来给家人治病。然而他折腾了半天，终究还是空手而归。

回到家里，儿女们痛苦的呻吟声连邻居们都不忍心听了，更别提杜甫听着有多痛心了。

再这么下去，真得叫散落天涯的弟弟们过来，给自己收尸了！

杜甫在同谷煎熬了一个多月，每天半睁着眼，干等着太阳从东边升起，再到西边落下。眼看着快过年了，必须找个安稳的地方落脚，不走是不行了。于是，杜甫一家强忍病痛和饥饿，继续向南，往遥远的成都去求生。

其一

有客有客字子美，白头乱发垂过耳。

岁拾橡栗随狙公❶，天寒日暮山谷里。

中原无书归不得，手脚冻皲❷皮肉死。

呜呼一歌兮歌已哀，悲风为我从天来。

其二

长镵❸长镵白木柄，我生托子❹以为命。

黄独无苗山雪盛，短衣数挽不掩胫。

此时与子空归来，男呻女吟四壁静。

呜呼二歌兮歌始放，闾里❺为我色惆怅。

---

❶ 狙公：相传是古时候养猴子的人。"狙公赋芧"也是典故，用来谴责那些说话办事不负责任的人。

❷ 冻皲（cūn）：皮肤受冻后变得粗糙，乃至裂开。

❸ 镵（chán）：古代的一种犁头。

❹ 子：代词，指长镵。

❺ 闾里：即邻里。

其三

有弟有弟在远方,三人各瘦何人强。

生别展转不相见,胡尘暗天道路长。

东飞䳺鹅❶后鹙鸧❷,安得送我置汝傍。

呜呼三歌兮歌三发,汝归何处收兄骨。

其四

有妹有妹在钟离❸,良人早殁诸孤痴❹。

长淮浪高蛟龙怒,十年不见来何时。

扁舟欲往箭满眼,杳杳南国多旌旗❺。

呜呼四歌兮歌四奏,林猿为我啼清昼。

其五

四山多风溪水急,寒雨飒飒❻枯树湿。

黄蒿古城❼云不开,白狐跳梁黄狐立。

我生何为在穷谷,中夜起坐万感集。

呜呼五歌兮歌正长,魂招不来归故乡。

---

❶ 䳺鹅(gē é):雁的一种,形大于鸭而嘴小。

❷ 鹙鸧(qiū cāng):传说中两种性恶的鸟。

❸ 钟离:今安徽省凤阳县一带。

❹ 诸孤痴:死了母亲的孩子们都还小,不懂事。

❺ 南国多旌旗:指湖北江汉一带有战事。

❻ 飒飒(sà sà):风吹树木枝叶的声音。

❼ 黄蒿(hāo)古城:指同谷。黄蒿,一种植物,同谷盛产。

其六

南有龙兮在山湫❶,古木巃嵸❷枝相樛❸。

木叶黄落龙正蛰,蝮蛇东来水上游。

我行怪此安敢出,拔剑欲斩且复休。

呜呼六歌兮歌思迟,溪壑为我回春姿。

其七

男儿生不成名身已老,三年饥走荒山道。

长安卿相多少年,富贵应须致身早。

山中儒生旧相识,但话宿昔❹伤怀抱。

呜呼七歌兮悄终曲,仰视皇天白日速。

——《乾元中寓居同谷县作歌七首》

古时候想要搬家,可比现在累多了,也难多了。

整整半年的时间,杜甫一家都在翻越崇山峻岭,一连换了三个城市——从华州去秦州,从秦州去同谷。现在,他们又要从同谷去成都了。一路上,杜甫一家人疲惫又饥饿,寒冷又虚弱,真是连感慨人生的力气都没有了。

杜甫只能靠着惊人的意志力和求生欲,勉力带着家人奔向下一个

---

❶ 山湫(qiū):山上的水潭。
❷ 巃嵸(lóng zōng):高耸的样子。
❸ 樛(jiū):枝叶纠缠在一起的样子。
❹ 宿昔:从前、往常。

目的地——成都。

从同谷去成都，需要先往东南走一段路，到达嘉陵江，然后顺流而下，再往西南走。刚刚上路，就必须翻过一座叫木皮岭❶的高山，这可把杜甫一家累坏了。

冰冻三尺的天气里，杜甫一家竟然爬得汗流浃背。山中还不时传来猛兽的怒吼，像是有虎豹在搏斗。饥寒交迫与心惊胆战之下，曾遍游名山大川的杜甫竟然觉得眼下这座寂寂无闻的木皮岭，论起险峻与雄奇，并不比五岳逊色！

总算翻过木皮岭，杜甫带着家人接着往东南走。每一天从哪儿出发，再到哪儿休息，他都得精心盘算。要不然，运气不好的话，他和家人就要在荒山野岭里过夜了。真的太难想象了，这一路艰辛无比，一位快五十岁的老翁和他夫人，带着几个小孩子，是怎么挺过来的！

紧赶慢赶，杜甫和家人穿过一座座村庄、跨过一条条河流，终于踏上了令人心惊肉跳的古栈道——在江边的悬崖峭壁上，聪明的古人凿出一个个孔洞，插进一根根木棍，再在上面铺设起勉强能让行人和木轮车通行的栈道。

飞仙阁的栈道倒是挺结实的，既有台阶，又有栏杆，但还是凶险万分。走在上面，如果往下瞥一眼，看到深邃的山涧和涧间汹涌的波

---

❶ 木皮岭，在今甘肃省徽县栗川乡和成县境内。

涛，任谁都会头晕目眩；山高崖陡，狂风呼啸，任谁都会觉得腿软。

再往成都那边走，到了明月峡附近的龙门阁，那里的栈道对行人而言，依然不太友好。

"蜀道之难，难于上青天。"龙门阁的栈道细而蜿蜒，像绳子一样盘旋在崖壁上。真不知道这么险峻的栈道当初是怎么造出来的！

杜甫带着家人紧贴崖壁，一点儿一点儿往前挪。一瞬间，杜甫觉得，之前自己经历过的所有危险，和这大自然的天险比起来，简直不值一提。❶

沿着浩荡的嘉陵江走了很久，到了昭化古城，杜甫一家终于要和这江水道别了。往西经过诸葛亮

---

❶ 参见《木皮岭》《水会渡》《飞仙阁》《龙门阁》。

当年北伐的必经之路——金牛古道，进入剑门关❶，就是蜀地了。

剑门是一处山脉的大缺口，中间一条小道，两边的悬崖峭壁如同宝剑一样直插云霄，仿佛两面天然的城墙。诸葛亮正是在剑门中间的这条小道上，设立了剑门关。剑门关是进入蜀地的咽喉要道。自古以来，要想攻占蜀地，如果不拿下剑门关，就得冒死翻越高山，兜个大圈子。

然而，剑门关可是号称"天下雄关"。

李白说过，这地方"一夫当关，万夫莫开"——只要有一个人把守，一万个人也过不去。剑门关两边的峭壁有百米高，寻常人基本爬不上去。要想攻打这里，除了硬着头皮攻关，没有别的办法。三国时期，蜀汉名将姜维就是靠着死守剑门关，才挡住了曹魏名将钟会的大军。

看着眼前这鬼斧神工的关隘，遥想历史上的浮浮沉沉，杜甫立刻想到一个巨大的隐患——如果四川乱了起来，叛军只要守住剑门关，朝廷的军队就算人再多、战力再强，也很难攻进去啊！

怀着满腹的担心与忧愁，杜甫与家人又走了三百多里山路，终于到了绵阳附近。这里地势变得平缓起来，来到这里便进入成都的平原地区了。

最艰难的旅途已经结束，天府之国就在眼前。

唐肃宗乾元二年（759）年底，暮色之中，杜甫一家终于到达

---

❶ 剑门关：在今四川省广元市剑阁县。

成都，结束了这段不堪回首的旅程。

初来乍到，杜甫满眼所见都是新鲜的面孔和风貌，到处都是生机勃勃的。成都是远离战乱的大都会，巷子里塞满了华丽的房屋；热热闹闹的空气里，飘荡着箫与笙奏出的婉转动听的乐声。

这样安定祥和的生活，杜甫多久没经历了？

在这一片久违的盛景中，杜甫久久伫立❶在桥上，望着来往的行人出神。

他乡虽好，终究不是故乡啊。

杜甫的心一直留在战火纷飞的故乡。无尽的忧思，已经深深刻进他的灵魂，再也抽离不出来了。

心里装着天下人的悲欢离合，他怎么可能迅速融入成都这安逸的生活，悠然世外呢？

冥冥之中，杜甫预感到，他的漂泊之路还要很久很久才能结束。只是，他还不知道，他再也没有机会回到故乡了，也看不到中原重获安宁了。

---

❶ 伫（zhù）立：长时间站立，没有动作。

诗词赏析

木皮岭

首路❶栗亭❷西,尚想凤凰村❸。
季冬❹携童稚,辛苦赴蜀门❺。
南登木皮岭❻,艰险不易论❼。
汗流被❽我体,祁寒❾为之暄❿。
远岫争辅佐⓫,千岩自崩奔。
始知五岳外,别有他山尊。
仰干⓬塞大明⓭,俯入裂厚坤⓮。
再闻虎豹斗,屡局风水昏⓯。
高有废阁道,摧折如断辕。
下有冬青林,石上走长根。
西崖特秀发,焕若灵芝繁。
润聚金碧气⓰,清无沙土痕。
忆观昆仑图,目击玄圃⓱存。
对此欲何适⓲?默伤垂老魂。

注 释

❶ 首路：开始出发的路。

❷ 栗亭：古代地名，在今天的甘肃省徽县附近。

❸ 凤凰村：杜甫曾住过的地方，在同谷。

❹ 季冬：农历十二月，一年中最冷的季节。

❺ 蜀门：进入四川的关口。

❻ 木皮岭：俗名木莲花掌，位于徽县城西南四十里，因山上长满木兰树，其树皮与花朵可入药，而得名。

❼ 不易论：难以用语言形容。

❽ 被：覆盖。

❾ 祁寒：非常寒冷。

❿ 喧：暖和。爬山太累，寒冷中反而出汗发热。

⓫ 辅佐：拟人手法，指远方的山峰像卫士一样围绕主峰。

⓬ 仰干：抬头看天。

⓭ 大明：太阳。

⓮ 厚坤：大地。

⓯ 风水昏：风雨交加，天色昏暗。

⓰ 金碧气：阳光和绿树交织的光芒。

⓱ 玄圃（pǔ）：传说中神仙住的地方。

⓲ 欲何适：适，去。不知道接下来该去哪里。

译文

　　从粟亭西边踏上旅途，心中仍惦念着曾经居住过的凤凰村。寒冬腊月我带着年幼的子女，辛苦地奔赴蜀地关隘。向南攀登木皮岭，它的险峻难以用言语形容。汗水浸透衣衫，严寒中我竟然感到一丝暖意。远山如卫士簇拥主峰，万仞危岩似将崩塌滚落。我方知五岳之外，另有高山堪当尊崇。仰视山巅遮蔽天日，俯瞰深谷裂开大地。虎豹嘶吼声回荡山间，风雨交加天色昏沉。高处废弃的栈道，残破得如折断的车辕。山脚那冬日里也郁郁葱葱的树林，树根在石缝间蜿蜒。西侧山崖独秀，如灵芝繁生般绚丽。山间阳光和绿树交织，如氤氲着金碧之气，泉水清澈不染一丝尘沙。恍若亲见画中的昆仑仙山，玄圃仙境竟在我的眼前。面对仙境却不知归处，垂暮之魂暗自神伤。

杜甫为什么"辞官"?

千辛万苦才得到的官职,杜甫为什么说不干就不干了呢?

综合来说,有两个最主要的原因:

第一,也是最重要的原因,杜甫对朝廷心灰意冷了。

作为唐肃宗的近臣,杜甫靠近政治旋涡的中心,并在亲身经历了一系列权力斗争后,失去了唐肃宗对自己的信任。被贬华州以后,在往返洛阳的途中,他更是目睹了战争中百姓的惨状。所有这些经历,都让杜甫看清了朝廷的腐败黑暗,不再对唐肃宗抱有幻想,也越来越怀疑自己为官的意义。

唐肃宗最大的问题,就是目光短浅——只盯着眼前的利益,没有大局观。由于他的急功近利,在对抗叛军的过程中,唐军多次犯下重大失误,伤亡惨重,导致战火绵延,百姓蒙受了不可估量的损失。

另外,唐肃宗跟唐玄宗钩心斗角斗了那么多年,唐玄宗身上的优点没学到多少,唐玄宗喜欢猜忌大臣、对宦官盲目依赖的作风他倒是学了不少。他不相信父亲提拔的老臣，把越来越多的权力交给自己信任的宦官。然而，在前线监军的宦官们不停地给将领捣乱，致使邺城之战唐军大败；宦官李辅国也勾结后宫的张良娣，权势越来越大，把持朝政，成了新一代的权臣！

朝廷在这样的皇帝和权臣手里，杜甫是不可能有所作为的，更别说被贬后，他只是一个远离京城的从七品小官。

因此，杜甫看不到自己在华州的工作有什么意义，选择离开也是可以理解的。

第二，生活所迫，杜甫不得不离开华州。

杜甫这份工作虽然没啥意思，也没什么前途，但当官总归是有收入的！虽然正值乱世，唐肃宗的新朝廷缺钱，官员的工资没有安史之乱以前那么高，华州司功参军是从七品下的官员，杜甫真正到手的俸禄估计也不多，但是这少得可怜的俸禄也是杜甫一家人生活的依靠。更何况华州那段时间又赶上饥荒，米价飞涨。因此，杜甫很可能并不是主动辞官，而是被迫离职的。

有学者认为：唐朝有一种铨选制度，六品以下的官员，当官满四年以后，必须暂停当官，直到吏部再次考核并安排新的官职。杜甫755年拿到第一份工作，到了759年，正好满四年。

这样一来，杜甫本来就没多少的俸禄也就彻底没了，为了生存，杜甫一家必须离开华州，找个物价便宜又有亲友照顾的地方居住。

第二章
锦城春秋

唐肃宗乾元二年（759）冬
——唐肃宗上元二年（761）秋

杜甫草堂

成都是座繁华的大都市，城里的房子自然也不便宜。

杜甫一家如今连解决温饱都成问题，哪里还有钱去租房子、住客栈呢？不过他运气不错，他找到城西浣花溪边的一座寺院，带着家人暂时寄寓在那里。

时任成都尹❶的裴冕，是最早劝唐肃宗登基的大臣之一。他现在不仅是成都的长官，还是剑南西川节度使。杜甫的族内从孙杜济很受裴冕的器重，能在寺院暂居，或许正是得到了杜济的帮助。

寺院的住宿条件虽然一般，但对杜甫一家人来说，能有个落脚的地方就很知足了。解决了住宿问题，吃饭问题又摆在了杜甫面前。不过还好，在成都的亲朋好友会分给杜甫一点儿粮食，好心的邻居也会摘些自家种的蔬菜送给他们。

就这样，杜甫一家总算熬过了这个阴冷的冬天。

---

❶ 成都尹：唐朝成都府的最高行政长官，相当于今天的市长，手下的副官叫"少尹"。

随着春天的到来,一切都有了新的开始,杜甫也要搬家了。

离寺院不远的地方,有一棵粗壮的大楠树,据说有两百多岁了。杜甫一眼就相中了这个地方,靠着亲友的帮助,他在这儿盖了一座草堂。

别看这座草堂简陋又寒酸，杜甫布置起来可一点儿也没少花心思。他一边修补完善草堂，一边写信告知附近的亲友，亲友们送来了些锅碗瓢盆等生活用品，还送了各种花草的种子和树苗。桃树、李树、桤树、绵竹……尤其是桃树，春天种下树苗，很快就能长起来，不但能遮阳，还一身是宝——果子能吃，叶子能泡茶，树枝能存起来，到了冬天当柴火烧！❶

杜甫在秦州的时候，就想像陶渊明那样归隐山林了。如今，他终于有了一块风景优美、离城市也不远的好地方，便打算定居在这里。

杜甫虽然想回家乡，但他明白，如今叛军又起，中原恢复安宁不知要等到何年何月，一家人长期待在成都才是最好的选择。既然不着急走，他便没把这草堂当成临时落脚的地方，而是尽力将它盖好。

房子盖好了，自己可以住到老，子孙接着住也没问题。

看着盖得越来越好、四周草木日渐丰茂的草堂，杜甫难以抑制心中的激动。他或许没有想得那么长远，不知道千年以后，杜家子孙虽然已不在杜甫草堂居住了，但仍有无数的人络绎不绝地来到这座简陋的草堂，参观这一中国文学史上的圣地，缅怀他这位名垂千古的"诗圣"。

---

❶ 参见《酬高使君相赠》《江村》《萧八明府实处觅桃栽》《又于韦处乞大邑瓷碗》。

落落❶出群非榉柳,

青青不朽岂杨梅。

欲存老盖千年意,

为觅霜根❷数寸栽。

——《凭韦少府班觅松树子栽》

　　暮春时节,杜甫的草堂终于落成了。虽然还有不少地方可以再修缮一下,但杜甫和他的家人们已经等不及了,先住了进去。

　　每天早晨,杜甫走出家门,不用走多远,就能望见一大片青葱的原野。闲来无事,他就沿着江边的小路散步,眯起眼睛,沐浴着从桤树叶间透下来的阳光,聆听着微风撩动山林时发出的吟唱,身心无比惬意。杜甫亲手种下的竹子已蔚然成林,林中时常升起阵阵清凉的白雾,笼在青竹枝头,凝成滴滴晶莹剔透的露水。路过的时候,胳膊肘稍微碰一下,头顶上就会立马下起一场短暂的"小雨"。

　　草堂一带草木清幽,吸引来了不少聪明机敏的鸟儿。大乌鸦带着小乌鸦来安家,燕子也纷纷飞来,在草堂屋檐下筑巢。这里真适合隐居啊,安安静静,在这里读个书、写个诗是再合适不过的了。住在这

---

❶ 落落:形容举止潇洒、不拘束的样子,也形容高傲、不合群。
❷ 霜根:白色的草木根,也指冬天不会凋零的树木根苗。

里，杜甫诗兴大发，动笔写下了许多歌咏自然的传世佳作。

立夏一过，池塘里有几片荷叶羞怯地钻出了水面，又等不及似的，迅速舒展开圆圆的身子。田地里，纤细的小麦长高了，伸个懒腰，抽出嫩绿的麦穗，轻轻扬起雪白的小花来。草堂挨着一个小村庄，稀稀落落地也就住着八九家人。清澈的江水绕着村庄流淌而过，农户房梁上的燕子自由来去，溪中的水鸟也欢快地嬉闹着。

虽然成都的夏日闷热潮湿，但住在这样恬静的地方，杜甫可以安心地度过漫长的岁月。

杜甫又联系上了高适等朋友。高适在离成都不远的彭州当刺史，有份不错的俸禄，经常接济老朋友杜甫。

杜甫生活清贫，却不追求物质的富足，他更在乎的，还是精神世界的丰盈。他们一家太会苦中作乐了。妻子拿来一张纸，画上棋盘，捡来石子儿，就能和杜甫下一盘棋。小儿子想钓鱼，杜甫捡来一根树枝，再找根针敲弯，鱼竿和鱼钩就有了！

当个农夫，过着远离战火的生活，好像也挺不错的。

话虽如此，在草堂过得平安又舒心的杜甫，却还是忘不了故乡，忘不了普天之下仍受战火煎熬的百姓。毕竟，为国家呕心沥血，恢复大唐盛世，让百姓安居乐业，才是他的夙愿。

春天，杜甫去参观了纪念诸葛亮的武侯祠。他满怀哀思，穿过茂密的柏树林，默默踏上祠堂前的石阶，却似乎看不见满园的春色，也听不到黄鹂的歌声。

刘备三顾茅庐的礼遇，让诸葛亮鞠躬尽瘁、死而后已。他忠心耿耿，先后辅佐刘备和刘禅两代君王，为蜀汉打下了立国的基业，又拼了性命去北伐曹魏，想为蜀汉博一个未来。然而，就算诸葛亮再有功绩，他也只是一个凡人，无法赢得与时间的赛跑。每当想到诸葛亮未竟的事业和遗憾的结局，后世英雄们都不禁发出叹息，落下的泪水浸透了他们的衣襟。

> 丞相祠堂何处寻，锦官城❶外柏森森。
> 映阶碧草自春色，隔叶黄鹂空好音。
> 三顾频烦天下计，两朝开济老臣心。
> 出师未捷身先死，长❷使英雄泪满襟。
>
> ——《蜀相》

杜甫在缅怀诸葛亮的同时，也在伤感自己的境遇。诸葛亮虽然最后未能匡扶汉室、统一全国，但他毕竟凭借自己的才干，让蜀汉有过最辉煌的时刻，而他自己也在死后名垂青史，成为天下人的榜样。

而杜甫呢？就算在朝堂之上、在皇帝身边，他也没能实现复兴大唐、让百姓安居乐业的抱负。到了浣花溪边的草堂里，他又不能忘记被鲜血染红的河山，不能忘记在死亡边缘挣扎的百姓，从此隐姓埋名，终老于田野。

像他这样心怀苍生却又壮志难酬的臣子，到底该怎么办？

---

❶ 锦官城：成都的别名。
❷ 长：同"常"，经常。

冬去春来

草堂的慢生活,也不是一直都很美好。

成都的春天阴雨连绵。春夏交替的时候,正是梅雨季节,雨更是一直下个不停。杜甫的草堂不防水,房顶没完没了地漏雨,整间屋子都湿乎乎的。

然而,房顶漏雨还是小事。这雨一直下,溪水不断往上涨,那才要命呢!这不,草堂旁边的浣花溪已经波涛汹涌了!万一到了晚上,溪水一股脑淹了房子,一家人还有命吗?

最危险的一次,杜甫听见孩子在外面喊叫,一下床就发现,屋子里的水已经漫过小腿了!他赶忙拄着拐杖出门查看,发现不知不觉间,浣花溪的溪水早就淹没了沙洲,涨到了家门口。

好不容易挨过了梅雨季节,杜甫的安宁日子也到头了。

上元元年(760)三月,裴冕调离成都。杜甫跟新任成都尹不怎么熟,受到的照顾自然少了些。坏事总是赶在一起,连着好几个月,杜甫盼星星盼月亮,也没收到朋友的接济。

生活又苦起来了。杜甫一家吃不上饭,孩子们个个饿得像小猴子。

听着孩子们喊饿的声音，想着自己漂泊半生的愁苦，杜甫身体各种老毛病又犯了，气喘得难受。他只得一再给亲友写信求援，或是勉强与成都城内做了高官的武人周旋，以此得到接济。

虽然生活困苦，但偶尔有亲友来草堂拜访，杜甫还是会强撑着虚弱的身子，起来见客。菜园子里总共没几片新鲜叶子，杜甫却毫不吝啬，都摘下来，弄些粗茶淡饭招待他们。

不管是从房子的选址，还是从客人来了以后他的反应，我们都不难看出，杜甫是完全当不了隐士的啊！他又想住得幽静，又不想住得偏僻没人来看他，可见他内心的矛盾。杜甫的日子虽然过得清贫，但他始终希望朋友们还记着他、尊重他。因为只有这样，杜甫才不会觉得世界彻底抛弃了他。❶

四川离中原太远，交通又不方便，前线的消息要好久才能传到成都。杜甫既盼望外面的消息快点儿传过来，又害怕传来的是坏消息。

大概是在这一年的秋天，杜甫听说了一条捷报。原来早在三四月份的时候，大唐主帅李光弼就领兵大破叛军。如果这样的胜利能一直持续下去，攻破史思明的老巢、平定战乱就指日可待了。

然而，这一年年底，唐肃宗因听信宦官的谗言，又逼反了一位很能干的刺史刘展。朝廷的军队虽然不久便平定了这次叛乱，但平叛的

---

❶ 参见《江涨》《狂夫》《有客》《宾至》。

士兵每攻下一处便趁机烧杀掳掠。江南地区原本没受到安史之乱的祸害，现在却被官兵残害，一时间生灵涂炭。

趁着唐军内斗，史思明又开始反击，派出各路兵马发起猛攻。

关内一片混乱，杜甫在四川焦急万分。零零散散的信件如一条无形的绳索，把他和前线百姓连接在一起。

大雨落下，天地间仿佛升起了一道巨幕，把草堂附近的村子跟外头的世界隔绝开来。村民们不管外头是不是下雨，照样该干活就干活，一下一下舂❶着米。

杜甫也想和他们一样，守着自己的一方小天地，不去管那些自己无能为力的事。然而，每次得知新的战况，那些五味杂陈的汹涌情感，总是会撞进杜甫的心里，拦不住啊。

冬天已经不远了，如果还没钱买吃的，杜甫一家又要跟去年一样挨饿受罪了。

身心都扛不住了，杜甫首先想到的救星还是高适。他还以为高适在几十公里外的彭州当刺史，走一两天就到了。于是，杜甫写了首诗托人带给高适，求他救急。

高适此时已经不在彭州了，他刚刚被调去成都西边的蜀州❷当刺史。

送诗的人扑了空，倒也带回了最新的消息。到了深秋，杜甫亲自

---

❶ 舂（chōng）：捣去谷物的外壳。
❷ 蜀州：今四川省崇州市一带。

跑了一趟蜀州去找高适。两人异乡重逢,更觉情重。杜甫也借此机会在蜀州附近转了转,跟其他朋友见了见面。

拿着高适的资助,杜甫返回了草堂,这些钱粮够他们一家挺过冬天了。

上元二年(761),五十岁的杜甫迎来了他在成都的第二个春天。

去年这个时候,杜甫正忙着布置新家,栽下一棵棵朋友赠送的树苗。一年过去了,不少果树已经枝芽茁壮、绽放蓓蕾,用馥郁的花香和亮丽的色彩回报主人。

杜甫愁了一整个秋冬,最后,还是他亲手种下的草木,用灿烂到令人无法忽视的春色,驱散了他心头的苦闷。

草堂周围生机盎然。杜甫看着这满园春色,听着黄莺唱起的小曲,也不由得松开长久以来一直紧锁的眉头,把笑意重新挂上嘴角。

燕子飞来飞去,时而横渡小溪,时而穿过草堂。它们有时候一不小心,嘴一松,嘴里衔着的用来筑巢的泥巴和树枝就掉了下去,弄脏了杜甫的书本和古琴。快下雨的时候,燕子飞得很低,忙着捉虫,有时候会从人身边疾飞而过,吓人一跳。杜甫嘴上虽然埋怨燕子们为什么不小心一点儿飞,但其实心里对这些驱散他苦闷的小精灵真是喜爱万分。❶

---

❶ 参见《绝句漫兴九首》。

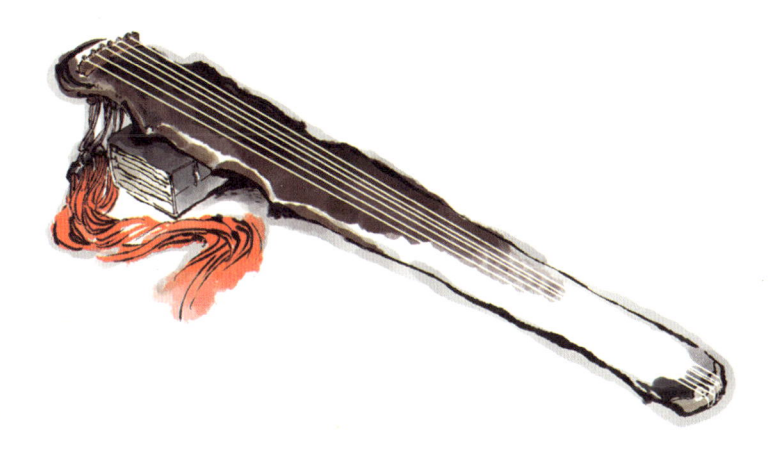

去年春天，杜甫整天提心吊胆的，担心草堂漏雨，更怕溪水泛滥，一到下雨天心中就苦闷不已。今年，熬过了漫长又寂寥的冬天，享受着明媚的春光，再看这春雨，竟然觉得它也挺可爱的！

细密的春雨无声无息，孕育着世间万物。在一个静谧的夜晚，它翩翩而至，送来生机和滋润，洗去干枯和灰尘。

杜甫走在田间小路上，抬头望去，只见天空一片昏黑，分辨不出云朵的形状，只有江边的渔船上还有一盏灯火，在夜雨中忽明忽暗。

别看现在这天地间只有这灯火有一丝颜色，等天亮了，鲜艳的花瓣就会铺满湿润的泥土地，成都城里就又是一片姹紫嫣红。

好雨知时节，当春乃发生。
随风潜入夜，润物细无声。
野径云俱黑，江船火独明。
晓看红湿处，花重锦官城。

——《春夜喜雨》

天亮以后，雨过天晴。满街的花树都容光焕发，向行人炫耀自己的生机。树上的花朵多到压弯了枝头，却还在一簇簇轮番盛开。树下的花瓣越积越厚，铺满了江岸。行人走在上面，一脚深、一脚浅，小心翼翼，怕滑倒了。

杜甫一个人在江边看花。他沉醉在花的世界里，满眼都是花团锦簇。杜甫眯起眼睛，仿佛看到鲜花纷纷伸出手来，邀请他融入这五彩缤纷的世界。但很快，杜甫就清醒过来，苦笑着摇摇头——他有心变年轻，用青春年华去回报春光的盛情款待，但他知道自己毕竟岁数大了，再也无法在这无边的春色中撒欢了。

> 黄师塔前江水东，春光懒困倚微风。
> 桃花一簇开无主，可爱深红爱浅红？
> ——《江畔独步寻花（其五）》
>
> 黄四娘家花满蹊❶，千朵万朵压枝低。
> 留连戏蝶时时舞，自在娇莺恰恰啼。
> ——《江畔独步寻花（其六）》

春天刚来的时候，杜甫赏春、踏春，乐在其中。然而，随着百花渐渐凋零，杜甫的心情也随之低落下来。

---

❶ 蹊（xī）：小路。

人越是爱花的美丽,就越受不了繁花落尽的悲凉。鲜花虽然总归会凋谢,但至少还能盛放一次。

而杜甫呢?生命的春光已逝,他始终没能再绽放一次。如今,他的生命之树花叶已凋零,只剩下光秃秃的枝头,显得寂寞又冷清。

安得广厦千万间

除了偶尔伤感一下,杜甫在草堂还是过得很安心的。虽然身体依旧不太好,但他偶尔会去周边城镇转一转,或者去找找高适等朋友,一起开怀畅饮一番。

当然,在杜甫拜访好友的时候,难免会遇到一些不懂他沉郁内心的俗人。不过没关系,不管在外头遇到多少烦心事,只要回到了草堂,他就眼不见,心不烦了。回家以后,杜甫常常随便往后一靠,慵懒地躺倒,享受草堂里的平静时光。

人生就像读书,难免碰上几个读不懂的字,跳过去就好,没必要抓耳挠腮,回头再查字典嘛。

但要是碰上有亲友要来草堂玩,杜甫可就来劲儿了。母亲崔氏的亲人要过来探望，杜甫打算好好招待他们。门前的小径一直堆满花瓣，他要好好扫一扫；草堂那扇破蓬门老是虚掩着，到时也一定要完全敞开，欢迎来客！

溪水又涨了起来。不过，杜甫如今已经开始试着欣赏这番景象。既然无法抗拒大自然的力量，不如顺其自然。

溪水漫过沙洲，一直扑到草堂前。不少鱼跟着溪水一起涌过来，可把水鸟们开心坏了。

杜甫心想，这时候，有艘船就好了，肯定能钓到不少鱼。买不起船也没关系，这水已经涨到窗前，自己靠着窗子垂钓就成。实在不行，他随便扎个木筏，坐在上面飘飘荡荡，也能享受钓鱼之乐呀！

草堂前的溪水有时平静娴雅，有时汹涌澎湃。杜甫就像一块粗糙的花岗岩，在溪水的冲刷下，渐渐磨平了棱角。

都说"文如其人"。杜甫之前写诗老是抠字句——如果不能语出惊人，就怎么也不肯罢休。然而，就因为这一点，他的诗用了太多冷门的典故，反而变得深奥难懂了。这样一来，除了那些能耐着性子琢磨他诗作的伯乐，很少有人能发现他的才华。

做人做事也是一样。如果一个人太追求完美，那在人生之路上，多半会行进得比较艰难。人生不如意者十有八九，放过虚无缥缈的未来，抓住当下能掌握的幸福，也是一种人生智慧。

舍南舍北皆春水，但见群鸥日日来。

花径不曾缘❶客扫,蓬门❷今始为君开。

盘飧❸市远无兼味❹,樽酒家贫只旧醅❺。

肯与邻翁相对饮,隔篱呼取尽馀杯。

——《客至》

为人性僻耽佳句,语不惊人死不休。

老去诗篇浑漫与❻,春来花鸟莫深愁。

新添水槛❼供垂钓,故著浮槎❽替入舟。

焉得思如陶谢❾手,令渠❿述作与同游。

——《江上值水如海势聊短述》

  道理杜甫都明白,他也尝试着随遇而安,但他从来就不是性格豁达的那种人,哪有那么容易就想开呢?他一直念叨着自己年老体弱,何必在乎虚名,平平淡淡,了却余生就得了。但其实,杜甫最大的夙

---

❶ 缘:因为。

❷ 蓬门:蓬草编成的门。

❸ 盘飧(sūn):用盘子盛的熟食。

❹ 兼味:两种以上的菜肴。

❺ 旧醅(pēi):陈酒。醅,未过滤的酒。

❻ 漫与:随意付与。这句是杜甫在自谦,说年纪大了以后写诗相对随意,不再像以前那样刻意求精巧。

❼ 水槛:水边的栏杆。

❽ 浮槎(chá):木筏。

❾ 陶谢:指陶渊明和谢灵运,都是晋朝诗人,擅长书写景物。

❿ 令渠:让他们。

愿仍是为国分忧，怎么可能放宽心彻底退隐山林呢？

直到这一年的秋天为止，杜甫的生活还算平安顺利。

以前，杜甫常常在草堂前面的大楠树下休息。正是爱上了这顶青绿色的"巨伞"，杜甫才决定在这里盖草堂的。在枝叶茂密的楠树下面，杜甫用茅草搭了一座小亭子，没事就去坐一坐。挨着高高隆起的大楠树树根，他还圈出了一小块地，零零散散种了些药草。

在杜甫心中，这棵楠树不仅是草堂的一部分，还像兄弟一样陪伴着、守护着他。有时喝多了酒，不太舒服，杜甫就往楠树下面一躺，躲进严严实实的树荫里呼呼大睡。微风拂过枝叶，也拂过这位老人脸上的皱纹。阳光无奈地扒拉着树影，却怎么都晒不到下面那位酣睡的老人。也真神奇，杜甫一般要好久才能醒酒，但他只要躺在大楠树下面睡一觉，很快就变得神清气爽。

可惜，这棵杜甫敬爱有加的大楠树，竟然毁在一场暴风雨中。

这一天，狂风带着翻江倒海的势头，从东南方席卷而来。原本只是有点儿阴沉的天，转瞬间就变了脸，狂风大作，飞沙走石。

楠树高大又粗壮，狂风首先盯上了它。

楠树使出全身力气对抗狂风，不甘地挥舞着条条"手臂"。它的每一寸树皮都咔嚓作响，像一位结实的老汉正绷紧每一缕肌肉，和一头狰狞的巨熊殊死搏斗。然而，楠树用尽了力气，终究还是败下阵来，被风暴连根拔起，一把掀到荆棘丛里。楠树断了根，只能躺在风雨中，无助地颤抖着，等待死亡的降临。

杜甫扶着窗框，在屋子里看见这无比悲壮的一幕，心都碎了。

大楠树死了，草堂从此失去了那片慈爱的绿荫，杜甫也少了一位能耐心倾听他讲述的"好友"。❶

这一年的秋风实在太暴虐了，摧毁了大楠树还不够，有一天，又打起了杜甫草堂的主意。

只听"呼啦"一声，杜甫顿觉头顶一凉，一股狂风灌进了屋子里。他抬头一看，人都傻了——屋顶铺的那几层茅草，竟然都被狂风掀飞了！

杜甫顾不上外面风大，赶紧冲出去追茅草。然而，就他这老胳膊老腿儿，怎么可能跑得赢狂风呢！

杜甫目瞪口呆，眼睁睁地看着自家屋顶的茅草轻飘飘地飞过溪水，撒得到处都是。那么多茅草，有的被高高地抛上了树梢，有的干脆被卷进了水底。

南边的村子里有一帮淘气的小孩。好家伙！这风越狂，他们就越开心。

水里的茅草肯定是救不回来了，杜甫想赶紧过溪，把岸上的茅草捡一捡，能捡回多少是多少。没想到，那帮"熊孩子"太顽皮了，看见杜甫着急，他们反而幸灾乐祸，一人拢了一捆茅草抱着，在杜甫眼

---

❶ 参见《高楠》《楠树为风雨所拔叹》。

前晃来晃去，就是不还给他，别提多气人了！

　　杜甫口干舌燥，连跟他们发火的力气都没有了。顶着狂风，他有气无力地回到家里，看看瑟瑟发抖的妻子和儿女，一屁股坐在凳子上，唉声叹气。

　　风总算停了。然而没过一会儿，被狂风赶跑了的乌云又重新集合起来，开始闹事。这些云朵被大风欺负狠了，脸色铁青，气不打一处来，就拿地上的人们撒气，一盆又一盆地泼下大雨。

　　草堂没了屋顶，冰冷的雨水一串串砸下来，让人躲都没法躲。

　　杜甫一家人漂泊多年，衣服和被子已经很久没换过，都是补了又破、破了再补。然而，布料用得久了，就会变得脆弱，像纸一样一戳就破、一撕就烂。杜甫家里的被子里面的棉花早就团到一起，硬得像铁疙瘩一样。小孩子裹着难受，小脚一蹬，就把被子蹬出来一个大窟窿。这床破被如今被淋湿了，裹到身上反倒更冷了，还不如不裹！

　　孩子们睡不着，哭得令人崩溃，杜甫更是彻夜不眠。

　　这么多年来，杜甫饱经战乱，心事又多，已经很久没睡过安稳觉了。

　　此时此刻，年过半百、一身是病的杜甫从头到脚都是冰凉的，已经冷到快忘记颤抖了。

　　这个雨夜真的好漫长、好难熬啊！

　　都说黑夜总会过去，光明终究会来临。可是，为什么杜甫一直等、一直等，这天空还是一片漆黑，一丝光亮都没有呢！

此时此刻，天底下最珍贵的东西，不是什么金银财宝，而是一间坚固又温暖的房屋——但是，到底要怎样，才能得到千千万万间高大宽敞的屋子，在风雨中护住全天下的寒士，让他们发自内心地绽放笑颜呢？

"唉，什么时候天下的寒士都能有这么棒的房子呢？这个愿望如果能实现，到时候，哪怕只有我一个人住破草房，被活活冻死，也无所谓了！"

八月秋高风怒号，卷我屋上三重茅。茅飞渡江洒江郊，高者挂罥❶长林梢，下者飘转沉塘坳。南村群童欺我老无力，忍能对面为盗贼，公然抱茅入竹去，唇焦口燥呼不得。归来倚杖自叹息。

俄顷❷风定云墨色，秋天漠漠❸向昏黑。布衾❹多年冷似铁，娇儿恶卧踏里裂。床头屋漏无干处，雨脚如麻未断绝。自经丧乱少睡眠，长夜沾湿何由彻。

安得广厦千万间，大庇天下寒士俱欢颜，风雨不动安如山。呜呼！何时眼前突兀见此屋，吾庐独破受冻死亦足！

——《茅屋为秋风所破歌》

---

❶ 挂罥（juàn）：缠绕着挂住。
❷ 俄顷（qǐng）：一会儿、片刻。
❸ 漠漠：寂静、迷蒙的样子。
❹ 布衾（qīn）：麻布、葛布做的被子。

身处悲惨的境遇之中，杜甫首先想到的，却是千千万万的寒士。为了天下百姓的幸福，他甚至甘愿牺牲自己。从诗里这发自肺腑的呐喊中不难看出，历经大唐盛世又目睹战火流离的杜甫，是有着多么高贵而又质朴的灵魂。

名门出身和良好的教育给了杜甫高远的眼界。而安史之乱中，生灵涂炭的世间惨象深深刺痛了杜甫敏感而又善良的心。他内心最深层次的痛苦，并非因为自己的郁郁不得志，而是因为自己不能为百姓重获安宁的生活做点儿什么，只能眼睁睁地看着他们在水深火热中苦苦挣扎。他诗中那份对百姓的悲悯，是他之所以被称为"诗圣"的关键原因，因为从中我们看到了杜甫那颗圣人般的心灵。

如果杜甫一生安享荣华富贵，他将很难走出朱门之外，真正理解普通人的世界。同样，如果杜甫出生在普通百姓人家，在面对天灾人祸时，他或许只会挣扎于自救，无暇去怜悯他人的悲苦！

辉煌和苦难共同成就了杜甫，却也让他的人生有了悲剧的色彩。

杜甫不甘心归隐田园只过好自己的安稳日子，他始终惦记着百姓的福祉，可险恶的朝堂又根本容不下一个一心只为百姓的杜甫。于是，杜甫只能夹在草野与庙堂两个世界的缝隙里，无能为力。

杜甫又能怎么办呢？他只能扛起双倍的痛苦，在时代的巨浪中艰难求生，朝着未知的结局一步步走去。

诗词赏析

狂夫

万里桥①西一草堂②,百花潭③水即沧浪④。
风含翠篠⑤娟娟净⑥,雨裛⑦红蕖⑧冉冉香⑨。
厚禄故人书⑩断绝,恒⑪饥稚子色凄凉。
欲填沟壑⑫唯疏放⑬,自笑狂夫老更狂。

注释

① 万里桥:成都南门外的一座桥,诸葛亮曾在这里送别朋友。

② 草堂:杜甫在成都住的茅草屋,现在叫"杜甫草堂"。

③ 百花潭:成都浣花溪的一个水潭,在杜甫家旁边。

④ 沧浪:指汉水支流沧浪江,古代以水清澈闻名。这里比喻随遇而安的生活态度。

⑤ 翠篠(xiǎo):翠绿的小竹子。

⑥ 娟娟净:被风吹得秀美光洁。

⑦ 雨裛(yì):裛,滋润。雨水轻轻打湿。

⑧ 红蕖(qú):粉红色的荷花。

⑨ 冉冉香：冉冉，慢慢地。香味慢慢飘过来。
⑩ 书：书信。
⑪ 恒：一直。
⑫ 填沟壑：把尸体扔到山沟里去。这里指穷困潦倒而死。
⑬ 疏放：疏远仕途，狂放不羁。

译文

　　我在万里桥西搭了个茅草屋，百花潭的水让我学会随遇而安。风吹绿竹沙沙响，叶子也被吹得秀美光洁。雨打荷花滴滴答，香味慢慢钻进鼻子。当了大官的朋友早不和我联系，小儿子一直饿得脸色凄凉，让我看着愧疚又心疼。我这老骨头快要扔进沟里了，无官无钱只剩狂放不羁。我不禁大笑啊，当年的狂夫老了却更狂。

四川为什么容易出现割据势力？

历史上，四川地区先后出现过古蜀国、蜀汉、西蜀、前蜀、后蜀等多个割据势力。它们大多以成都为政治中心，仅仅追求割据一方，少有像蜀汉那样大力进攻川外地区的。

那么，四川为什么特别容易出现割据势力呢？又是出于什么原因，这些割据势力多数都走不出四川，没有办法统一天下？

我们可以从地理、经济等方面来简单地加以分析。

第一，从地理方面来说，四川盆地易守难攻，特别适合防御外敌。四川背靠青藏高原，北方有秦岭，南方是三峡，几乎被崇山峻岭围了一圈。因此在古代，想要从中原进入四川，一般只有两个方向有路可走：一个是北方，从金牛古道等古栈道进入，像杜甫就是从陕西关中地区走古栈道去成都的；另一个是东方，沿长江三峡走水路，经荆州和宜昌逆流而上，穿过夔门，进入四川。

因地势原因，外面的人不好打进来，同理，里面的人也不好打出去，物资更不好往外运。一旦四川的割据势力不思进取，或者外面的势力对出川的几条通道严防死守，四川割据势力就几乎不可能夺取天下了。

第二，从经济方面来说，成都平原土壤肥沃、物产丰饶，不仅好种粮食、养桑蚕，还有丰富的水力和矿产资源。然而，四川的资源虽然不少，分布却极其不均。最好的土地都在成都附近，这也使这座城市成为蜀地各方势力争夺的中心。为了获得更多的资源，大大小小的四川内部势力经常内斗。

况且，四川虽然物产多，自给自足没问题，但供应大型的对外战争也很吃力。这也就是为什么很多四川割据势力都不思进取，窝在蜀地，不想争夺天下的原因之一。当年蜀汉诸葛亮和姜维北伐，就给蜀地带来了不小的经济压力，北伐一次必须让蜀地百姓休养数年才能再战。

也正是在这些因素的影响之下，四川地区才诞生了诸多故事和传奇，孕育了绚烂多彩的蜀地文化，这些文化也成为中华文化重要的组成部分。

第三章
蜀中风云

唐肃宗上元二年（761）秋
——唐代宗宝应元年（762）秋

赠花卿

狂风掀翻了草堂，它前脚刚走，寒冷和饥饿也找上门来了。

这个秋天，杜甫脸上的每一条皱纹里，都流淌着浓重的愁苦。阴雨连绵的日子里，他的腿脚和腰背都不争气，站久了就难受。

杜甫整日躺在湿冷又破旧的床板上，双眼无神，眼睛似乎都眨不动了。他有时会盯着一处什么都没有的角落发呆，目光仿佛穿越过去，看到了十几岁时的自己。

想当年，杜甫还是小伙子时，每天精气神满满，浑身是劲，有时逮着棵树，爬上爬下，爬多久都不会感觉累。

现在呢？杜甫五十岁了，家徒四壁，一身病痛。

短短几天里，杜家不知断粮了多少回。孩子们饿急了就堵在门口，扯着嗓子喊，哭闹着要吃饭！

整个家里，最懂杜甫、最心疼杜甫的人就是杜甫的妻子了。然而，面对此情此景，夫妻俩又有什么可说的呢？只能愣愣地望着彼此，谁也拿不出主意。

忆年十五心尚孩❶，健如黄犊❷走复来❸。

庭前八月梨枣熟，一日上树能千回。

即今倏忽❹已五十，坐卧只多少行立❺。

强将笑语供主人❻，悲见生涯百忧集。

入门依旧四壁空❼，老妻睹我颜色同❽。

痴儿未知父子礼，叫怒索饭啼门东。

——《百忧集行》

难过归难过，日子还得过。杜甫总得振作起来！

他强打精神，又用起了老办法——一次次堆出笑脸，说着言不由衷的漂亮话，与地方官吏谈笑应酬。

杜甫认识一位叫花惊定❾的牙将❿，还给他写过几首诗。

这位花惊定是一个很有手腕的人物。

---

❶ 心尚孩：还有童心，像一个小孩子。这里说明杜甫当时虽然已经在文坛崭露头角，却还是很活泼好动。

❷ 犊（dú）：小牛。

❸ 走复来：跑来跑去。

❹ 倏忽：忽然、很快。

❺ 少行立：很少走路和站着。

❻ 主人：指给予杜甫援助的人。

❼ 四壁空：指家徒四壁。

❽ 老妻睹我颜色同：大致意思是，妻子看我郁郁不乐，脸上的表情也跟我差不多愁苦。

❾ 花惊定：唐朝将领，有的地方说他叫"花敬定"。

❿ 牙将：一种军衔，通常是节度使的亲兵将领，掌管精锐部队，实力很强。

上元二年（761），梓州❶刺史段子璋叛乱，攻占了绵州❷，自立为梁王。段子璋十分骄横，目空一切，穿上御用的黄袍，甚至像模像样地组织了一帮"文武百官"。

成都尹崔光远很快带兵前来平叛，花惊定是他手下的一员猛将。据说花惊定只用了一天时间，便取来段子璋的首级，丢到上司脚下。

然而，花惊定刚立下大功，就暴露出了自己生性残忍的一面。他根本不把崔光远放在眼里，放任手下士兵在绵州城里烧杀掳掠。这帮恶魔眼里只有金银财宝，视人命如草芥。他们见到女子胳膊上戴着手镯，没耐心等她们摘掉，干脆一刀剁向胳膊，夺下手镯就走人。

这支军队残杀了几千名无辜百姓。山高皇帝远，消息传到宫中唐肃宗没治花惊定的罪，反倒责怪崔光远管教不力。

然而奇怪的是，花惊定在当地百姓中的口碑非常好，他最后也是为国平寇英勇战死。蜀地有关花惊定的传说，都对他的神勇壮烈赞叹不已，没有说他是鱼肉乡里的大恶人，还将他作为勇猛的战神膜拜。所以花惊定的真实形象如何，是一个谜。

花惊定在成都有宅子，杜甫大概去他府上做过客。我们都知道，杜甫疾恶如仇，在给花惊定写的诗里，他也大力赞扬了这位将领的功绩。

杜甫的诗是这么写的：成都有位猛将叫花卿，就连刚学会说话的

---

❶ 梓州：今四川省绵阳市三台县一带。

❷ 绵州：今四川省绵阳市一带。

小孩,都知道他的名字。他身法极好,像鹰隼❶一样迅捷凶猛。一见到贼人,他手到擒来,像个大侠。人人都说花卿是绝世将才,皇上何不召他去镇守东都洛阳呢?

杜甫还写道:花惊定在成都的家里天天奏乐,乐声一直传到江风和云彩里。这样美妙的乐曲只有天上才有,人间能听到几回呢?

很多人觉得,杜甫表面上是在奉承花惊定,其实是在讽刺他的猖狂和奢侈。也有人觉得,杜甫特别欣赏花惊定在平叛中表现出的骁勇果敢,认为他正是国家目前亟须的那种冲锋陷阵的猛将。与其说他在讽刺花惊定,不如说他在讽刺朝廷不会用人,让这样的有能之人只能每天沉醉于"丝管日纷纷"。

杜甫写这两首诗时的真实想法,我们已无从可知,但诗作本身已成为流传千古的名篇。

锦城❷丝管❸日纷纷❹,半入江风半入云。
此曲只应天上❺有,人间能得几回闻。

——《赠花卿》

---

❶ 隼(sǔn):一种猛禽,擅长捕猎。
❷ 锦城:锦官城,指成都。
❸ 丝管:弦乐器和管乐器。这里泛指音乐。
❹ 纷纷:接连不断、繁多的样子。这里指成都城里的音乐整日演奏不停。
❺ 天上:神仙的天宫,这里暗指皇宫。

两粒定心丸

崔光远被朝廷治罪以后，心情郁闷，很快就死了。暂时替代他来行使成都尹职责的，不是别人，正是高适。

高适既然来了成都，肯定得亲自来一趟草堂，探望一下杜甫这位日子过得紧巴巴的老朋友。

于是，高适带着美酒和礼物，穿过荒草丛生的小径，来到杜甫家破败的草堂。杜甫有心招待好友，却连点像样的酒菜都置办不出，真是过意不去啊！

十几年前，杜甫和高适初次相遇。现在，高适已经是大官了，然而，他们依然像当年一样谈笑风生。

两人岁数大了，头发都白了。高适开玩笑说："你比我还小好几岁呢！现在看着，你比我可老多了！"

杜甫会心一笑，打趣说："咱俩都是白发老头了，还是多喝几杯酒，驱驱寒吧！"❶

---

❶ 参见《王竟携酒高亦同过共用寒字》。

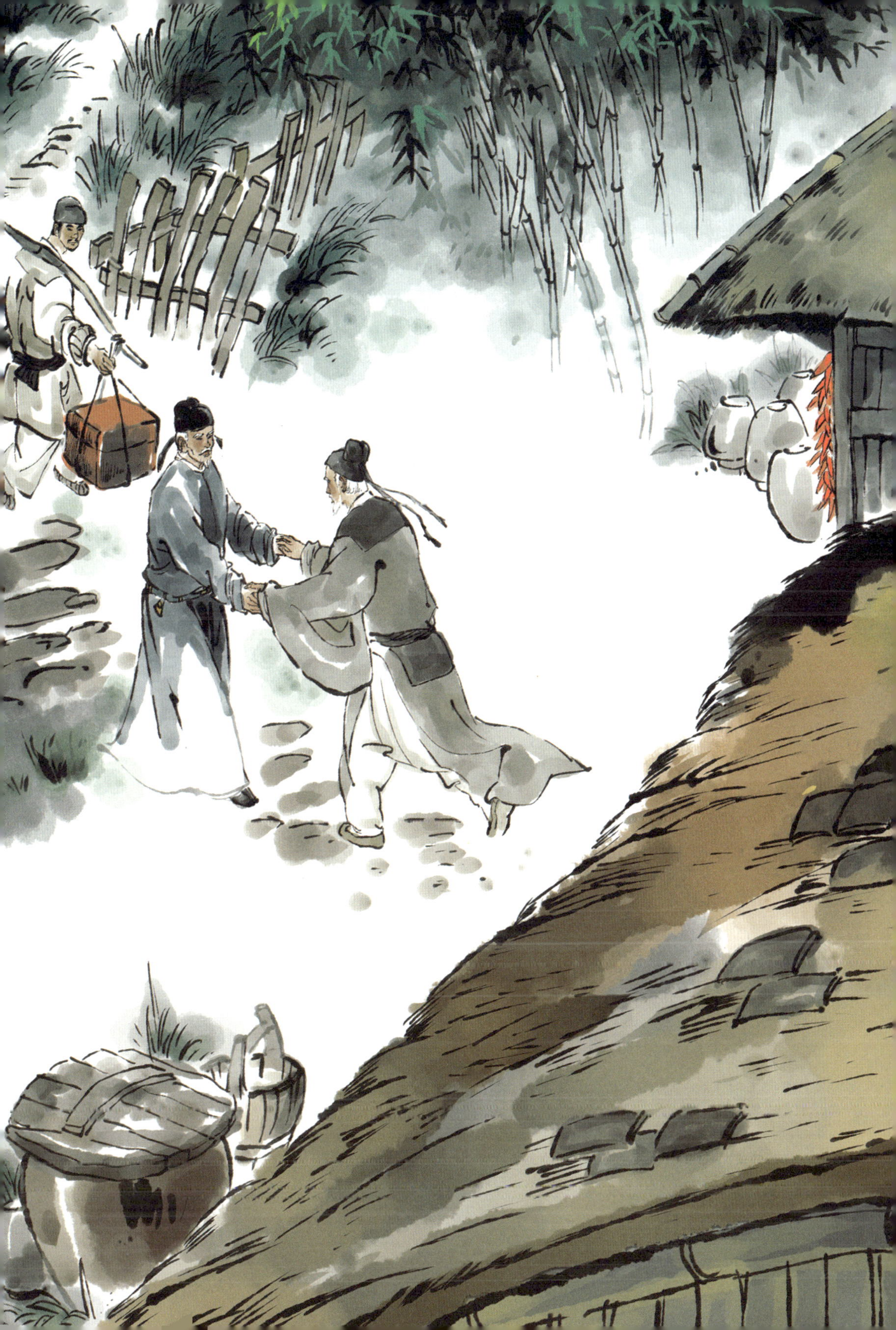

见到高适，杜甫就想起另一位老友——李白。

近两年，杜甫没听过任何关于李白的消息。他真想跟高适打听打听李白最近怎么样了，却又无法开口。杜甫非常明白，高适当年选择"明哲保身"，对处于危难境地的李白见死不救，内心一定也是非常痛苦的。李白这个给他们带来无限欢笑、无数回忆的朋友，最终成了一个不能提起名字的人。

这么多年过去，杜甫终于真正读懂了李白的心。

杜甫总算明白了，李白的张狂都是装出来的，是为了掩盖他那敏感、脆弱却又比谁都渴望得到他人认可的心。之前，那么多人说李白是反贼，对他恨得咬牙切齿，欲杀之而后快。只有杜甫惋惜李白的才华，坚信他不会背弃自己的理想。

诗圣与诗仙，都是被命运错待了的奇才，也都是被时代辜负了的凡人。

高适这次来成都，只是暂时代理一段时间的成都尹。后来，严武成了崔光远的正式接班人，手握重兵。朝廷为了对抗吐蕃，把相当大的权力和责任都交给严武了。

现在，杜甫的朋友中，做官做得最顺的，就是高适和严武。严武要来成都，杜甫再次喜出望外。

严武在年底来了成都。过完年，腾出些时间，他给杜甫寄了首诗，打趣说："老杜啊，你整天在那儿钓鱼，懒了就往草地上一躺，吹着小风,看着流水。你可别仗着自己才华横溢,就不屑当官呀!你整天躺着晒太阳,难道是在晒你那一肚子书吗?你别老研究那些医术了,赶紧骑上马,飞奔到我这儿来吧!"

严武觉得杜甫这么有才华,不出来干一番事业,真是太可惜了。他想让杜甫重出江湖,跟着他工作。

杜甫现在身体不太好,又过惯了闲适日子,没准备好当官。再说,杜甫离开华州已经好几年了,按理说,朝廷会给他新官职,他想再等一下。

所以,杜甫就婉拒了严武:"我这只当过拾遗的老头子,没什么本事,也就上奏过几行文字、给皇帝的御驾引过几次路罢了。我性格就是这样子,懒散得很。现在,我确实真心想隐居、认真在钓鱼。您那么喜欢游山玩水,要是能大驾光临我这草堂,我就赶紧去锄一锄门口那片乱糟糟的荒草地,清出一条路来欢迎您!"

严武很快就来看望杜甫了。杜甫家里实在太寒酸,没什么好东西拿得出手,但两人还是相谈甚欢。严武看老友生活得这么窘迫,于心不忍,下次再来的时候,就带来了一些好酒好菜。两个人尽兴作诗,互相唱和。

严武人如其名,是个雷厉风行的人。他刚上任,就开始整改那些积累了很多年的军政问题,尽量取消那些劳民伤财又没意义的工作。

杜甫虽然暂时不想在严武手下做事,但对严武期望很高,给他提了不少建议。长期生活在百姓中间,杜甫太清楚百姓的愁苦了。

杜甫提议，官府应该多给老百姓些福利，让他们好好休养生息；苛捐杂税那么多，能免的，就免一点；士兵家里有老人的，就再多减免一些税，平时也派人多照看一下。

严武认真听取了杜甫的建议，做了不少好事，百姓都很拥戴他。

这一天，一个老农拉杜甫去喝酒。大爷醉醺醺的，借着酒劲，一个劲儿地夸严武，说从没见过他这样的好官！他家大儿子当了很久的兵，一直不能回家。前些天，严武竟然放他回家里帮忙了。农民种地有了人手，就能多产粮食，不用再背井离乡逃税了，空闲的时候，还能用剩余的粮食酿点酒呢！

严武来了成都，杜甫就像吃了定心丸。有了严武方方面面的照顾，他不用再担心吃了上顿没下顿，也终于有闲心去参加一些宴会了。

动荡的夏天

宝应元年（762）的夏天，严武才来成都半年多，朝廷就召他回京城。

中原这两年发生了翻天覆地的变化，大唐王朝的内忧外患正在不断加剧。

上元元年（760）七月，杜甫在成都正为接下来怎么过秋冬发愁呢，大太监李辅国派出五百名士兵，逼着唐玄宗从南宫迁到西宫，把这位太上皇给软禁了起来。

唐玄宗被囚禁了快两年。宝应元年（762）五月，他终于在孤独凄凉中走完了传奇的一生，享年七十八岁。

唐玄宗死了，唐肃宗竟然也在这时病危。

十几天后，唐肃宗也驾崩了，享年五十二岁。这对皇家父子的恩恩怨怨，终于画上了一个苍凉的句号。

不过，唐肃宗还没断气呢，大权独揽的李辅国就动手了。

李辅国以前和皇后张良娣狼狈为奸，后来又彻底决裂。趁皇帝病危，李辅国火速带兵控制了整个皇宫，杀掉张皇后一伙人，扶持已经改名为李豫的太子李俶登基，是为唐代宗。

然而，李辅国坏事做尽，生命也很快走到了尽头。

唐代宗表面上尊敬他，暗地里却一点点抽走了李辅国的实权。终于，有一天深夜，一个刺客翻进李辅国的屋子，杀死了他。

朝堂之上，皇位更替，叛军内部也是内讧不断。

乾元二年（759年）九月，杜甫离开华州一两个月后，史思明再次攻陷洛阳。接下来这一年，他与唐军打了很多场仗，却是输得多，赢得少，进退两难，处境十分尴尬。

上元二年（761）二月，杜甫在成都建草堂的时候，史思明在洛阳城北击败了李光弼的联军。他想乘胜追击，一路攻入长安，却连吃败仗。史思明将一肚子火全发在儿子史朝义身上，骂他不争气，甚至要斩了他。

史朝义跟安庆绪当年一样，觉得父亲将宠爱都给了自己的弟弟。他生性软弱，害怕真的被老爹杀掉，就在将领们的撺掇下，把史思明抓了起来。史朝义大概没想赶尽杀绝，但他手下的将领担心夜长梦多，就自作主张，勒死了史思明。这么一来，叛军中有很多不服史朝义的将领，又挑起内讧，乱了好几个月。

安庆绪杀死安禄山，史思明杀掉安庆绪，史朝义又害死史思明……叛军这边一直在上演骨肉相残、众叛亲离的戏码。而安史之乱这场混乱的大剧，终于也该落幕了。

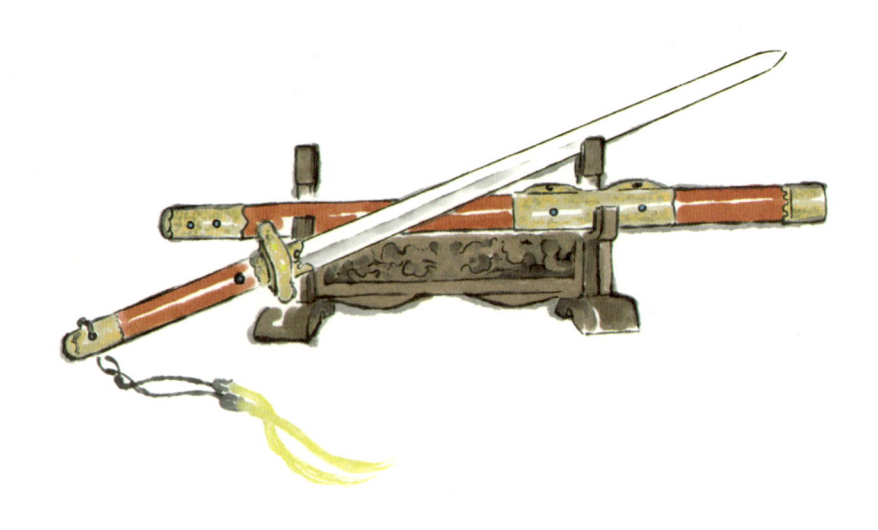

唐代宗继位，李辅国丧命，朝廷里有了新的气象。

正是在这个时候，严武奉诏回朝，要离开成都。

大家都觉得严武要升官了，杜甫对他更是寄予厚望，认为严武这一去，说不准就成宰相了呢！

当年，他和严武都因为跟房琯关系密切，被唐肃宗贬谪出京。回顾过去，杜甫感慨万分。他郑重嘱托严武，如果他真的成为朝廷重臣，到了国家需要他力挽狂澜的时候，一定要挺身而出，别光想着明哲保身啊！

严武出发的那天，杜甫舍不得和他分别，一直将他送到了绵州。绵州刺史叫杜济，算是杜甫孙子辈的远房亲戚。

说起这位杜济，杜甫当年在长安穷困潦倒时，还去他家蹭过饭。杜济当时过得也不好，就没好气地准备了顿饭。杜甫看出了他的不耐烦，事后还写了首诗，委婉地发了发牢骚。

杜济设宴欢送严武回京。他们在江边楼上喝酒奏乐，一顿饭从傍晚吃到第二天快日出才结束。宴会的排场这么大，杜甫看在眼里，表面不说什么，内心却极其讨厌这种虚情假意、奢靡无度的应酬。

离开绵州，杜甫又送了严武一段路，两个人才依依不舍地告别。

就在这时，他们得知了一个意想不到的变故。

严武刚离开成都不久，成都的二把手徐知道突然带兵叛乱。这位徐知道跟杜甫关系还不错，还曾专门来草堂拜访过他。

徐知道为什么要叛乱呢？

原来，朝廷打算派高适来接替严武。徐知道一看升迁无望，就索性把严武的头衔都揽到自己头上，起兵叛乱。

这下可好，严武回京的路被封了，只能待在四川。杜甫也不敢回成都，只好一边等消息，一边去旁边的梓州投奔另一位老熟人——汉中王李瑀。

李瑀过得也不顺。唐肃宗登基那年，李瑀不愿意出兵帮忙，后来就被贬到四川来了。杜甫现在走投无路，只好写了几首诗跟李瑀"要酒喝"，委婉地请求朋友支援。

幸好，徐知道叛乱才一个多月，就被高适击败并被手下杀死。虽然时间不长，但是成都经过叛军和平叛唐军的骚扰，已是生灵涂炭，人心惶惶。

思来想去，杜甫想办法把家人接到了梓州，想等成都安定了，再回去。

诗词赏析

王十七侍御抡许携酒至草堂奉寄此诗便请邀高三十五使君同到

老夫卧稳朝慵起,白屋❶寒多暖始开。
江鹳❷巧当❸幽径浴,邻鸡还过短墙来。
绣衣❹屡许携家酝❺,皂盖❻能忘折野梅❼?
戏假霜威❽促山简❾,须成一醉习池❿回。

注 释

❶ 白屋:白茅草盖的屋子,指杜甫的草堂。

❷ 江鹳(guàn):水鸟,形似鹤,常在江边活动。

❸ 当:对着。

❹ 绣衣:绣有花纹的官服,代指御史王抡。

❺ 家酝(yùn):家中自酿的美酒。

❻ 皂盖:黑色车篷伞,代指蜀州刺史高适。

❼ 折野梅:折梅花寄情,用北朝陆凯"折梅寄友"的典故。

❽ 霜威:寒霜肃杀的威力,代指御史王抡。

❾ 山简：晋代名士，此处借指高适。
❿ 习池：指习家池，晋代名士山简常在此醉酒，此处比喻杜甫草堂。

译文

　　我这老头子赖在被窝懒得起床，草堂太冷要等日头高了才开门。江边的鹳鸟正对着幽静的小路梳洗羽毛，邻居家的公鸡扑棱着翅膀翻过矮墙来。王侍御总说要带自家好酒来看我，高使君可还记得当年折梅的情谊？借您御史的威风催催高适这酒仙，咱们定要在草堂喝个痛快一醉方休！

第四章

永无宁日

唐肃宗宝应元年（762）秋
——唐代宗广德二年（764）春

长夜终尽？

宝应元年（762）的秋冬季节，杜甫还是老样子，偶尔参加一下宴席和聚会，剩下的时间，就在梓州一带游玩。

梓州东边有个地方叫射洪❶，是初唐著名诗人陈子昂的故乡。陈子昂才华横溢，又敢于直言进谏，却在武则天时期冤死狱中。他的《登幽州台歌》堪称千古绝唱，为天下的怀才不遇之人发出悲愤的长叹。

杜甫来射洪凭吊陈子昂，去了他生前到过的很多地方参观。

杜甫因为当过"左拾遗"这个官，大家总叫他"杜拾遗"。陈子昂当过"右拾遗"，别人也总叫他"陈拾遗"。杜甫和陈子昂的身世命运很像，两人又都大力倡导文学革新，反对浮夸奢靡的诗风。这样一来，杜甫把陈子昂当成跨越时空的知己，就很自然了。

关于文学革新，杜甫曾在上元二年（761）回顾了文坛前辈们的经验教训，也总结了一下自己对文学的态度和主张。在《戏为六绝

---

❶ 射洪：今四川省遂宁市射洪市一带。

句》中，他大力夸奖"初唐四杰"——王勃、杨炯、卢照邻和骆宾王，说他们的成就是经得起时间检验的，诗名必将万古流芳。

> 王杨卢骆❶当时体❷，轻薄❸为文哂❹未休。
> 尔曹❺身与名俱灭，不废江河万古流❻。
> ——《戏为六绝句（其二）》

与此同时，在那遥远的中原，唐军终于要和叛军决战了。

宝应元年（762）十月，唐代宗又向回纥请了援兵，让儿子李适当天下兵马元帅，仆固怀恩做副手。大唐和回纥联军经过一番苦战，终于再次收复了洛阳。

当然，回纥派兵来帮忙，免不了趁火打劫。这一回，洛阳死了上万百姓，房屋烧了个一干二净，大火几十天都没熄灭。凡是叛军控制的地方，联军只要攻过去，就完全不分敌我，见到人就杀，看到东西就抢。

战争过后，侥幸活下来的那些百姓，也都困顿不堪。这些可怜人

---

❶ 王杨卢骆："初唐四杰"王勃、杨炯、卢照邻和骆宾王，都是唐朝初年著名的文学家。
❷ 当时体：指"初唐四杰"的文风有别于浮华奢靡的文风，在当时自成一体。
❸ 轻薄：言语中带着嘲讽和嘲弄，指初唐时期不少文人对"初唐四杰"很不屑。
❹ 哂（shěn）：讥笑。
❺ 尔曹：你们这些人，指讥笑"初唐四杰"的老派文人群体。
❻ 不废江河万古流：意思是，"初唐四杰"这样的作家将会像黄河一样万古长存，这是个不会更改的事实。

在寒冷的冬天只能胡乱披上点什么，凑合着御寒。

对于封建统治者来说，土地和百姓都不过是自家财产而已，怎么处置都是自己说了算。比起象征着皇帝威权和尊严的土地和城池，人命对他们而言反倒是最不值钱的。

但不管怎样，唐军大获全胜，叛军兵败如山倒，纷纷献城投降。

宝应二年（763）正月，史朝义走投无路，选择自杀。

七年多的安史之乱，终于结束了。这场战争是中国历史上一场惨绝人寰的浩劫。安史之乱前，唐朝全国共有五千多万人，安史之乱后，全国人口少了一半还多！三千多万人丧生或失踪。

安史之乱是大唐帝国由盛而衰的转折点，对唐朝的经济、政治、文化等方方面面都产生了深远的影响。

而对杜甫来说，经过这场战争，他对生命的意义有了更深的认识，对百姓的疾苦有了更深的体悟。

官军攻下北方的叛军老巢了！

收到这个惊天喜讯的时候，杜甫正在梓州的家里看书。他甚至没来得及多看几遍书信，确认是不是自己老眼昏花看错了，泪水就夺眶而出，根本停不下来。多年以来的所有委屈和痛苦，化作泪珠一颗颗掉下来，湿透了衣衫。

妻子和儿女接过信看了，也都是一脸难以置信。紧接着，难以置信全都转化为从未有过的狂喜。一家人放声大笑、手舞足蹈，笑着笑着,就抱头痛哭。

情绪平复下来后,杜甫的心中只有一个念头——赶紧回家乡洛阳去。一股热血冲上头顶,他急忙扑向那些四处散落着的书本,手忙脚乱地收拾起来。

就在这一刻,我们的诗人忘掉了所有烦恼,琢磨起回家的路线来。

从四川回中原,走水路应该最便宜。简单算一算路线,大概要从阆州❶上船,顺着嘉陵江南下进长江,再一路往东,穿过三峡,等出了四川,就在湖北襄阳上岸,再向北去洛阳……

杜甫越想越兴奋,不禁放声高歌起来。

郁闷了这么多年,杜甫头一回感到脸上的皱纹都舒展开了,仿佛青春活力又回到了自己这具又老又多病的身体。安史之乱害得多少人背井离乡,多少人都在苦苦盼着战争结束的好消息呢!❷

---

❶ 阆州:今四川省南充市阆中市一带。
❷ 参见《闻官军收河南河北》。

烽烟再起

虽然归心似箭，路线也都计划好了，但是杜甫没有直接出发回洛阳。

宝应二年（763）春天，杜甫去了梓州附近好几个城市游历，不过时间都很短。

每到一个地方，杜甫都会游览名胜，留下诗作。

四月，杜甫由梓州去了一趟汉州，很可能是想探望那位改写了他一生命运轨迹的人——房琯。然而不巧的是，杜甫到达汉州时，房琯已经启程前往长安赴任。

这些年，房琯的仕途也很坎坷。他被贬去邠州[1]当刺史，活儿干得很不错，唐肃宗还夸奖了他。后来，房琯换了好几个地方当官。等到唐代宗上台，房琯终于能升官回朝，却在路上生了病，于八月死在了阆州一座寺院里。

我们不知道当杜甫收到消息赶至阆州后有没有见到房琯最后一

---

[1] 邠（bīn）州：今陕西省咸阳市彬（bīn）州市。

面，但杜甫肯定是希望再见一见这位老朋友的。就算经历了这么多冤屈和磨难，杜甫也从不后悔当初为房琯仗义执言。

房琯去世了，杜甫为这位亦师亦友的老宰相做了最后一件事——写了一篇悲怆的祭文，为这世间尚存的公道和真诚敬上一杯酒。

安史之乱刚刚结束，一波未平，一波又起，西面的吐蕃等族，又把惊魂未定的大唐王朝拖回战争的深渊。

杜甫在秦州的时候就很担心，边关的兵力都去驰援中原战场了，唐朝边境防御薄弱，一旦有外族入侵怎么办？

杜甫的担心不无道理。多年来，吐蕃和唐朝的边境上一直摩擦不断。安史之乱刚刚平定不久，吐蕃就趁着唐朝人困马乏，大举进攻唐朝。很快，杜甫走过的大震关被攻陷，兰州、秦州等地纷纷落入敌手。到了秋天，整个陇右道都被吐蕃攻占不说，四川西北部也丢了几个州。

吐蕃没有就此满足，一路向东长驱直入。到了十月，吐蕃竟然已经打到长安西边的奉天❶和武功❷了！

更可怕的是，敌人都兵临城下了，唐代宗才知道竟然出了这么大的事！

该负这个责任的，又是一位大太监——程元振。

李辅国死后，程元振成了唐朝权势最大的人，掌管军政大权。他

---

❶ 奉天：今陕西省咸阳市乾县一带。
❷ 武功：今陕西省咸阳市武功县一带。

因为一些私人恩怨，害死了好几位功臣和名将，以致各地的将领一提起程元振，就恨得咬牙切齿。

前方一道道急报传来，程元振只手遮天，全都压下来，不让上报给唐代宗。敌军都打到长安跟前了，程元振才跟唐代宗说了这件事。

得知消息后，唐代宗赶紧下诏调兵。各地将领不满唐代宗宠信陷害忠臣的程元振，都不来勤王。连名将李光弼都不肯带兵前来救援。唐代宗只得让雍王李适当关内元帅，郭子仪做副元帅，再让西川节度使高适在四川练兵，从南边牵制吐蕃。

然而，这个时候想要亡羊补牢，已经晚了。

之前，程元振诬陷郭子仪，罢了他的副元帅，派他去监造皇陵去了。等到吐蕃大军压境的时候，郭子仪匆匆赶来，根本来不及征兵。长安陷落，唐代宗只能狼狈逃命。

吐蕃军队大摇大摆地进了长安。长安百姓面对的，是又一轮残酷的劫掠。

十年内，长安这座京城已经陷落两次了！

幸好，郭子仪再次力挽狂澜。他只有几千人马，便极力虚张声势，让吐蕃以为他带着不计其数的大军来收复长安了。

吐蕃本来就畏惧郭子仪的赫赫威名，加上水土不服，生病的士兵也不少。郭子仪这么一吓唬，吐蕃大军疑神疑鬼，只在长安待了十五天，就全军撤退了。

长安失而复得，过了两个月，唐代宗返回长安。

杜甫听说后，叹息着说："漫天风沙里，所有人都在狼狈逃窜……皇帝不是有一帮大臣吗，最需要他们的时候，这帮人都在哪儿？在干什么呢？"❶

---

❶ 参见《伤春五首》《巴山》《收京》。

失望与希望

吐蕃进犯大唐的时候，杜甫正在帮阆州的王刺史做事。

听说高适在四川练兵，杜甫不免又有些担心。高适是一位身经百战的将领，应该没问题吧？但他也担心，吐蕃军队太强大了，不是高适能轻松战胜的。

不幸的是，杜甫的担心成真了。

由于实力相差悬殊，高适试着向北进攻吐蕃，却连吃几场败仗，四川好几个州都落入敌手。

杜甫听说战况危急，心急火燎地写了好几首分析战局的诗。在他看来，好几座城池的失守，都跟高适的战略误判脱不了干系。敌人步步紧逼，援军却因为道路难行而迟迟不来。情况这么危急，杜甫真是心急如焚啊！

杜甫还替器重他的王刺史写了一封表章呈报朝廷。

杜甫想借机劝谏唐代宗，四川地区实在太过重要，派一般的将领来镇守恐难以胜任，必须让皇家的亲王带着贤臣来镇守才能让人放心。

同时，杜甫还建议重新分配兵力，再给百姓减负，以安民心。❶

  过了除夕夜，就是广德二年（764）。

  杜甫五十三岁了，离任华州司功参军已满五年。这一年，他终于等到了新的任命——"京兆功曹"，负责选拔和考核的京兆府小吏。

  杜甫总算升了职，也可以回长安了。不过，杜甫还是觉得，这份工作做着没多大意义，回去的路又实在太遥远，就很不想赴任。

  杜甫真的老了。最近一段时间，关于开元盛世的记忆，不时地在他的脑海中闪现。

  当年，国家人口可多了。随便一个小城，都有千万户居民。庄稼连年丰收，稻米塞满了大大小小的粮仓。天下太平，出门不会遇到盗贼，更遇不到豺狼虎豹。交通便利，商业贸易也很发达，随处可见商人运送商品的车队，市场上的货品也琳琅满目。

  在这样的太平盛世里，无论男女，都是朝气蓬勃、干劲满满的。人们真诚相待、亲密无间；朝廷政治清明，少有奸佞之徒。

  可是，现在呢？

  百姓不能安心种田，土地荒芜，物价飞涨，一匹平平无奇的绢都卖到天价。民不聊生，朝廷的日子也好不到哪儿去。洛阳的宫殿已焚烧殆尽，长安也再次被洗劫一空，大唐王朝已摇摇欲坠。

---

❶ 参见《警急》《王命》《征夫》《西山三首》。

杜甫甚至都不敢跟老人们聊天，怕他们说着说着，回忆起美好往日，就为当今的乱世哭泣起来。

杜甫曾经认为，唐代宗李豫是位有前途的英明君主。

唐代宗从父亲手中接过烂摊子，平定了安史之乱，功绩本来足以载入史册的。然而，他却听信宦官程元振的谗言，杀害忠良。将领们寒了心，军队士气不振，吐蕃才得以乘机入侵。

什么时候才能出现一位绝世英才，辅佐唐代宗中兴大唐啊！

忆昔开元❶全盛日，小邑❷犹藏万家室❸。
稻米流脂❹粟米白，公私仓廪❺俱丰实❻。
九州道路无豺虎❼，远行不劳吉日出。
齐纨鲁缟❽车班班❾，男耕女桑❿不相失⓫。

---

❶ 开元：唐玄宗 718—741 年的年号。唐玄宗开创的"开元盛世"，是大唐的全盛期。
❷ 小邑（yì）：小城。
❸ 万家室：形容居民户口众多。
❹ 流脂：形容稻米光洁莹润的样子。
❺ 仓廪（lǐn）：储藏粮食的仓库。
❻ 丰实：丰裕充实。
❼ 豺虎：豺狼虎豹，这里主要指盗贼。
❽ 齐纨鲁缟（gǎo）：齐国产的纨，鲁国产的缟。泛指名贵的丝织品。
❾ 班班：形容车辆繁多。
❿ 桑：指养蚕和织布。
⓫ 不相失：各司其职、各安其业。

宫中圣人❶奏云门❷，天下朋友皆胶漆❸。

百馀年间未灾变，叔孙礼乐萧何律❹。

岂闻一绢直❺万钱，有田种谷今流血。

洛阳宫殿烧焚尽，宗庙新除❻狐兔穴❼。

伤心不忍问耆旧❽，复恐初从乱离❾说。

小臣❿鲁钝⓫无所能，朝廷记识蒙禄秩⓬。

周宣⓭中兴望我皇⓮，洒血江汉⓯身衰疾。

——《忆昔二首（其二）》

杜甫本来打算过完年就离开四川回长安。现在，朝廷来了任命

---

❶ 圣人：指皇帝。
❷ 奏云门：演奏祭祀天地的乐曲。
❸ 胶漆：如胶似漆，形容朋友亲密无间。
❹ 叔孙礼乐萧何律：汉高祖刘邦让叔孙通和萧何制定礼乐和律令。这里用西汉初年的繁荣比喻开元之治。
❺ 直：同"值"，价值。
❻ 除：扫除、清除。
❼ 狐兔穴：指吐蕃。这一句指吐蕃攻陷长安。
❽ 耆（qí）旧：德高望重的老人。
❾ 乱离：指安史之乱。
❿ 小臣：杜甫自谦。
⓫ 鲁钝：鲁莽、愚钝。
⓬ 蒙禄秩（lù zhì）：指朝廷任命杜甫为京兆功曹。蒙，承蒙、承受。禄秩，俸禄。
⓭ 周宣：周宣王，即位后励精图治，中兴周朝。
⓮ 我皇：指唐代宗。
⓯ 江汉：指长江和嘉陵江，也指这两江流经的巴蜀地区。

书，他又纠结起来，不知道该不该走。

这时，杜甫得到了一个消息——严武回来了！他替换高适，重新担任成都尹和剑南节度使，镇守四川。

严武一直希望杜甫出来做事。听了严武要来成都的消息，杜甫高兴得简直要跳起来！

现在，杜甫终于没了顾虑，可以跟心目中最有才能的好朋友一起做事了！杜甫一直呼吁朝廷派能力更强的人来管理四川。在他心中，这个不二人选，就是严武。

严武来了，杜甫对蜀地的种种担心就都不存在了。他已经等不及要跟严武促膝长谈，好好讨论一下该怎么对付吐蕃这棘手的敌人了。

梦想曾经渐行渐远，现在终于转过身来，要和杜甫重逢了。杜甫沉睡了许久的万丈雄心，终于再次澎湃有力地跳动起来。

广德二年（764）初春，杜甫和房琯孤零零的坟墓做了最后的告别。他拜谢过阆州王刺史，带着家人踏上回成都的路，奔向那个能帮他实现梦想的人。

二月的嘉陵江已水势高涨，大风和怒涛让每一位船夫和乘客都胆战心惊。然而，杜甫归心似

箭,等不及风平浪静,就渡江了。

他乘坐的船几乎是倾斜着穿过风浪,好像穿梭在侧卧着的蛟龙脊背之间。人到了紧张的时候,只顾着祈求平安,根本顾不上欣赏风景。当杜甫终于回过神来,留意到水边的青草、野花和钓鱼人时,最危险的河段已经过去了。

对岸就在眼前,崭新的人生在向他招手呢!

诗词赏析

闻官军收河南河北

剑外[1]忽传收蓟北[2],初闻涕泪满衣裳。
却看[3]妻子[4]愁何在,漫卷[5]诗书喜欲狂。
白日放歌须纵酒[6],青春[7]作伴好还乡。
即从巴峡穿巫峡,便下襄阳向洛阳。

注释

[1] 剑外:剑门关以南的地区,这里指四川。
[2] 蓟北:唐代幽州、蓟州一带,今天的河北北部地区,指安史叛军的老巢。
[3] 却看:回头看。
[4] 妻子:妻子和儿女。
[5] 漫卷:胡乱卷起。
[6] 纵酒:开怀畅饮。
[7] 青春:指明媚的春光。

译文

我在四川忽然听闻官军收复了蓟北,刚听到这消息,眼泪就哗啦啦地打湿了衣裳。回头看看妻儿,往日的愁容早没了踪影,我胡乱卷起书本,高兴得简直要发疯。大白天我要放声高歌、痛饮美酒,趁着这大好春光,正好和家人一起回故乡。我的心已从巴峡穿过巫峡,顺流直下到了襄阳,再一路奔向洛阳。

拨开历史迷雾

吐蕃入寇，为何无人救长安？

程元振到底干了什么，让各路将领宁可得罪皇帝，也不出兵救驾？

简单来说，程元振仗着自己权势滔天，迫害了好几位威望极高的文臣武将。各地将领害怕自己也遭了他的毒手，干脆和朝廷保持距离，带兵躲到一边以求自保。

程元振最忌惮的一个人是郭子仪。他一直想拉拢这位大将，对方却不予理睬。唐代宗还是广平王、天下兵马元帅的时候，郭子仪是副元帅，收复两京时两人是搭档。唐代宗在混乱中登上皇位，亟须树立威信、收回兵权，手握重兵的郭子仪也就成了最大的障碍。程元振看透了唐代宗的小心思，使劲跟他说郭子仪的坏话。

不过，郭子仪有大智慧，他明白自己身处危险之中，就主动交出兵权，请唐代宗解除他的副元帅等职务，还把唐肃宗给他的一千多份诏书全都拿出来，亮明忠心。程元振见郭子仪服软了，也就放他一马，让这位大将去督建皇陵了。

郭子仪凭借自己的智慧，把命保住了，另一位名将来瑱❶，可就没这么好运了。

来瑱这人有勇有谋，在平定安史之乱时战功显赫。然而，安史之乱平定后，从唐肃宗到唐代宗，两位皇帝都怕来瑱成为第二个"安禄山"，就想除掉他。

程元振之前请来瑱办事，遭到拒绝以后，就怀恨在心，向唐代宗说来瑱的坏话，诬陷他。没过多久，怒气冲冲的唐代宗就先贬谪后赐死了来瑱。

除了郭子仪和来瑱，曾帮助过杜甫的裴冕和同华节度使李怀让，也都因为之前跟李辅国走得近，被程元振诬陷，被贬谪甚至被逼死了。短短一两年的时间，程元振就迫害了这么多重量级的官员。各地节度使人心惶惶，都不敢往朝廷去了，害怕自己就算立下了功劳，也会因为被程元振忌妒，向皇帝进谗言，最后落得身败名裂。

皇帝没有主见，疏远贤良的臣子，宠信奸邪的宦官，造成了后来众叛亲离的局面。程元振当然有罪，但说到底啊，最大的过错，还是出在皇帝身上！

---

❶ 来瑱（tiàn）：唐朝将领，参与平定永王李璘之乱和收复两京，立下大功。

第五章

老骥伏枥

唐代宗广德二年（764）春
——唐代宗大历元年（766）春

人生又一春

杜甫曾经以为，他再也无法回到草堂了。

之前的那个夏天，杜甫为严武送行，送出成都二百多里。没想到这一送，他竟然误打误撞地躲过了徐知道的叛乱。在外漂泊了这么长时间，还是因为严武，杜甫又回到成都，回到了他的草堂。

锦城的春色跟往年一样绚烂多彩，令人心情舒畅。

拂面的春风像信使一样，捎来远处花草的芬芳。燕子也都飞回来了，衔着小树枝和湿润的泥土，忙着筑巢，准备孕育新一代生命。水边的细沙也暖和起来，有成双成对的鸳鸯在上面休息、嬉戏。

溪水荡漾着柔美的清波。在一溪碧绿的映衬下，水鸟的羽毛显得更加洁白了。山峦郁郁葱葱，绿树间点缀着热烈的红花，像是有火焰在激情燃烧一样。翠绿的柳林里，两只黄鹂在欢快地鸣叫；几只白鹭排成一行，飞向湛蓝的天空。

然而，面对大美春光，杜甫笑着笑着，就又闷闷不乐起来。

已经多少年没回故乡了？明年这个时候，他可以拥抱洛阳的春色吗？

杜甫向窗外看去，由大自然的笔触勾勒出的山水图景，仿佛触手可及，却又远在天边。

杜甫向西遥看巍峨的西岭❶。西岭的山顶上终年积雪，到盛夏都不会融化。

稍微收回点目光，杜甫看向门外的江边，那里停泊着好多艘江南来的船。成都终于安定下来，通往长江下游的水路也通畅了。这些船不远万里来到成都，停留片刻，便要驶向下一个目的地，完成自己的使命。

人生是一趟孤独的旅程，充满无数的未知，我们最多只能看到下一站要去哪里，却不知道这条路最终去往何方。

杜甫人生的下一站，会是故乡吗？

---

❶ 西岭，岷（mín）山山脉的一部分。杜甫看见的那一段，大约位于成都市西方。

迟日❶江山丽，春风花草香。

泥融❷飞燕子，沙暖睡鸳鸯。

江碧鸟逾❸白，山青花欲燃❹。

今春看又过，何日是归年？

——《绝句二首》

两个黄鹂❺鸣翠柳，一行白鹭❻上青天。

窗含西岭千秋❼雪，门泊东吴❽万里船。

——《绝句四首（其三）》

人一忙碌起来，就不会老想着故乡了。

节度使任用官员，先得上奏朝廷获得批准才行。杜甫春天回到成都，等到正式上任做严武的参谋，已经差不多到了夏天。严武动作很麻利，在杜甫上任之前就积极练兵备战，准备从吐蕃手中收复失地。

上任后，杜甫作为参谋，为严武仔细分析当前的战局。四川有几

---

❶ 迟日：从冬季进入春季，白天逐渐变长，所以说"迟日"。
❷ 泥融：指泥土变得湿润。
❸ 逾（yú）：更加。
❹ 花欲燃：花色鲜艳，像是要燃烧起来一样。
❺ 黄鹂（lí）：一种鸟类。
❻ 白鹭（lù）：一种水鸟。
❼ 千秋：千年时间，形容时间很长。
❽ 东吴：指长江下游的江南地区一带。

千汉人士兵,都是精兵强将,又有两万本地的羌族民兵,为什么还打不过吐蕃呢?主要问题有两个:一个是羌族民兵只听当地的部族首领指挥,关键时候容易叛变;另一个是粮草不足,后方支援又跟不上。

杜甫建议:要有一个足够强势的兵马使,指挥汉军、羌族民兵等所有军事力量,统一奖赏和惩罚,让人心重新凝聚起来;同时,也要安抚好百姓和流民,合理征收赋税,确保后方的稳定与安宁。

严武打仗确实有一套,很快就迎来了开门红。

这一年九月,严武首战告捷,在当狗城❶大破七万吐蕃军。十月,他又打下了当狗城西北边的盐川城❷,同时派出汉州刺史崔旰❸追击吐蕃,收回来几百里的疆土。❹

---

❶ 当狗城:今四川省阿坝藏族羌族自治州理县一带。
❷ 盐川城:今甘肃省定西市漳县一带。
❸ 崔旰(hàn):唐朝官员、将领。768年,皇帝赐名崔宁。旰,盛大的样子。
❹ 参见《东西两川说》《军城早秋》。

友谊的枷锁

杜甫年过五十，终于又一次迎来了事业的春天，重新发光发热了！

然而，美丽的绽放过后，总是苦涩的凋零。这次杜甫进入严武的幕府中任职，也像坐过山车一样，刚刚升上春日的云端，紧接着，却又极速坠落到严冬的谷底。

任何人都不是完美的。严武这个人有很多优点，但缺点也特别明显。

严武最大的问题，就是脾气太暴了。据说，他八岁的时候，父亲偏爱一个侍妾，冷落了正室——严武的母亲。严武要为母亲出气，就趁着那个侍妾睡觉时，把她给砸死了。父亲责怪严武，严武反而数落了父亲一通。

再次镇守四川，严武却像变了个人似的，不再是以前那个爱民的好官了。他不听杜甫的劝告，不但没给百姓减负，反而征收重税。道理很简单——为了让军队快速壮大，需要很多钱。

严武手里可以支配的钱多起来以后，人也腐化堕落，过起了奢侈的生活。谁让严武心情愉悦了，他就把钱成百万地赏赐下去；谁要是惹严武不高兴了，他就大发雷霆，甚至会砍了那人的脑袋。梓州刺史章彝❶以前对杜甫很不错，但据说严武因为一件鸡毛蒜皮的小事，就把他杀了。

严武再次镇守四川后，虽然百姓怨声载道，部下提心吊胆，但他仗确实打得漂亮——吐蕃军队节节败退，根本就不敢靠近唐朝边境。

眼看着严武愈发骄纵，杜甫的心里五味杂陈。

作为朋友和老大哥，杜甫以前还能劝严武几句。但现在，杜甫的身份不一样了。严武毕竟是他上司，又是出了名的暴脾气。看到章彝的下场，杜甫真不敢说太多。他至多写写诗，提一嘴"某些将领就是因为骄奢而丧命的"，绕着弯子忠告一下严武而已。

杜甫跟严武的关系越来越尴尬，和同事相处得也不好。

杜甫的同事都比杜甫年轻许多，是他的儿子辈甚至孙子辈。这些年轻人羡慕杜甫的才华和名气，又很嫉妒他和严武的特殊关系。他们都想得到严武赏识，升官发财，便互相猜疑、互相攻击。杜甫这位五十多岁的老人，满头白发，却也不得不整日与这些官员周旋，心中的郁闷可想而知。

实在撑不住了，杜甫就跟严武请假，回草堂休息。

---

❶ 章彝（yí）：唐朝官员，做过严武的判官，后来成为梓州刺史、剑南东川节度使留后（代理）。

严武对他还是挺宽容的,每次都准假。

也许,只有在草堂睡个大觉,做个好梦,杜甫的身心才能得到放松。然而,外面的战乱还没平定呢,杜甫怎么可能睡得安稳呢?翻来覆去睡不着觉,杜甫只能看几眼草堂边精神焕发的松菊,硬着头皮回官署干活。

最后的礼物

广德二年(764)秋天,传来一个噩耗:杜甫的两位至交好友——苏预和郑虔,竟然双双去世了。

在长安忍饥挨饿的日子里,苏预和郑虔是杜甫的患难酒友。三人经常一同开怀畅饮,暂时忘记眼前惨淡的人生。

如今,苏预和郑虔已经先走一步,去了另一个世界。回想起三人以前在一起畅饮的情形,杜甫就更悲伤了。

唯一让杜甫感到安慰的是,二弟杜颖从山东跋山涉水来看望他了!

杜甫的四个弟弟,除了最小的杜占这些年一直跟着他,杜观和杜丰也都在山东,但都很久没联系了。杜颖大老远跑过来探望大哥,住不了几天,又要返回山东。山高路远,杜甫只能祈祷弟弟一路平安,来日再见。

休完假,杜甫回到官署,还跟以前一样,白天忍受着同事们的冷嘲热讽,晚上为国家的命运忧心难眠。赶上客人来了,杜甫就陪同奢靡的严武参加盛宴,一同游山玩水、饮酒作诗。

说到畅快事,严武就会恣意大笑,猖狂得好像一个无法无天的土皇帝。满堂宾客拍手叫好的时候,杜甫不知道该摆出一副什么样的表情,只能勉强挤出两声干巴巴的傻笑,缩进这片欢腾的海洋,不让自己显得另类。

四周觥筹交错,杜甫的世界却是寂静无声。他痴痴地望着严武,使劲抹抹昏花的老眼,想看清楚一些、再清楚一些。

杜甫想不通,此刻自己站在这里,到底算是严武的好友还是客人,长辈还是下属?如果要同时扮演好所有角色,不让这段复杂又脆弱的关系毁得一干二净,杜甫只有一个选择——体面地告别。

永泰元年(765)春天,杜甫向严武辞职。

杜甫的内心已经不再挣扎。能帮上严武的,他真的尽力了。继续留在成都,对杜甫或严武而言,已经没有任何意义。

严武批准了杜甫的辞职。这一年下来,尽管他跟杜甫闹过挺多不愉快,甚至拍过桌子、瞪过眼睛,但他始终珍惜与杜甫的友谊。作为知己，严武由衷钦佩杜甫的忠义之心。他知道，杜甫一身犟骨头，说话、做事对事不对人，决不妥协，谁都改变不了。

毕竟朋友一场，严武决定，放杜甫去过他想过的生活。

去年秋冬时节，严武不是打了大胜仗吗？他上报给朝廷的功臣名单里，也有杜甫的名字。到了第二年春天，朝廷的诏书下来了，名单里的官员都有赏赐。严武加官晋爵，杜甫也有了新的职位——检校工部员外郎，官衔是从六品上阶。

杜甫本来已经离职了，回到了草堂。他锄一锄门前的杂草，再补一补屋顶的破洞，想着干脆别当官了，找机会回故乡去吧，实在不行，就在草堂终老一生呗。结果，跟严武辞职没多久，朝廷的诏书就下来了。杜甫原来为从七品下阶，现在一口气升了五级，还破格得到了绯色官服和银鱼袋。

从此，杜甫有了一个更广为人知的称呼——"杜工部"。

升官了固然很开心，但是否赴京就职，杜甫的心中也不是很确定。

工部员外郎是做什么的呢？唐朝实行三省六部制，工部为六部之一。工部下分四司，分别是工部司、屯田司、虞部司和水部司，每个司的正副长官是郎中和员外郎。工部员外郎主要负责桥梁、城池之类的工程建设。想想就知道，担任这个职位，跟杜甫的从政理想并不契合。

再说了，就算杜甫老骥伏枥、志在千里，想要在暮年做出一番事业，他也没有可以携手共进的同路人了。

和杜甫志趣相投的老友，还有谁在人世呢？房琯死了，郑虔和苏预也死了。杜甫还不知道，李白前两年也去世了。更令他感到绝望的是，就在这一年正月，高适也在长安去世了！

杜甫痛惜高适之死。虽然高适对四川兵败负有不可推卸的责任，但杜甫总觉得，这位老友还远远没有施展出全部才华呢！在这国家最需要人才的时候，高适却带着遗憾走了，只留下那些诗歌，这怎能不让朋友和后人为之叹息？

"唉，五十四岁了，能在长安领个闲散的活儿，知足吧。"杜甫这样安慰自己，最终决定赴京上任。

杜甫跟着严武干了这半年，虽然算是好聚好散吧，但关系肯定不如从前了。他不想继续留在成都，享受严武的厚待。可为了养活一家人，杜甫没有别的选择，只能回京去当官。

不过，如果要接受这份工作，杜甫就得在一年之内回京城报到，过时不候。

杜甫一家整理好不多的行囊，在春光明媚的四月启程。他们挥泪告别心爱的草堂，拜谢前来送行的邻居和朋友，登上了离开成都的船。

船慢慢驶离码头。挥着手的朋友们的身影渐渐远去，直到杜甫再也看不清那一张张脸庞。杜甫站在船尾，久久不愿收回目光。直到最后，他都还抱有一丝希冀，期待"那个人"会骑着高头大马赶来，奔向江上渐行渐远的自己。

只可惜，严武就是严武，成不了杜甫希冀的"那个人"。

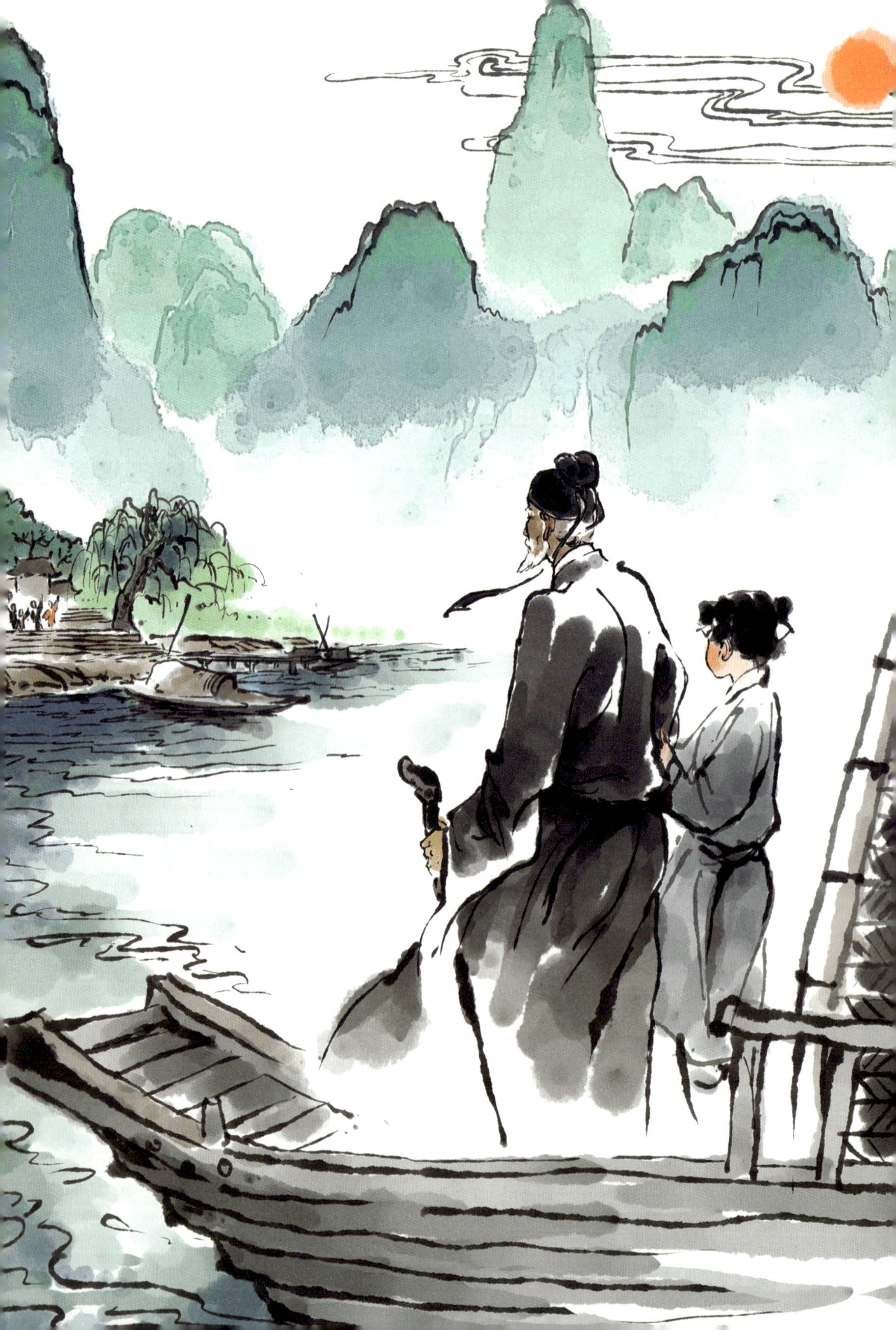

有那么一刹那,杜甫很想好好回忆一下三年前,自己到底是怎么送出严武二百多里的。然而,那段本该永生难忘的记忆,就像二人的情谊一样,被时间这块粗糙的橡皮抹擦得潦草无比。此刻,杜甫无比悲哀,那颗已经快要枯萎的心脏感到一阵难受,像被一只无形的手使劲攥了一把。

　　杜甫只能闭上眼,抹掉满溢而出的泪水,深吸一口气,坐回家人身边。

　　谁又能想到,杜甫走后没多久,四十岁的严武竟然暴毙了!

　　在生命即将消逝的瞬间,严武回顾一生,会后悔没有和杜甫好好告别吗?❶

---

❶ 关于杜甫离蜀是发生于严武去世之前还是之后,学界一直有争议。本书采用杜甫先行离蜀的观点。

卧病云安城

杜甫一家离开成都,沿着岷江一路南下,经过眉山❶、嘉州❷和犍为❸,六月到了戎州❹。

戎州虽然不大,却是"万里长江第一城"。在这里,金沙江由西向东流过,遇上从北向南来的岷江,合成一道继续往东走的江流,就是长江。

这次回京的路线杜甫其实两年前就计划好了——"即从巴峡穿巫峡,便下襄阳向洛阳"。

沿着长江一直往东北走,经过渝州❺,便到了忠州❻。

忠州刺史是杜甫的远房亲戚,算是他的侄子辈。杜甫本来指望这位族侄能多照顾照顾他,让他们一家在忠州多住一段时间。然而,族

---

❶ 眉山:今四川省眉山市一带。
❷ 嘉州:今四川省乐山市一带。
❸ 犍(qián)为:今四川省乐山市犍为县一带。
❹ 戎州:今四川省宜宾市一带。
❺ 渝州:今重庆市一带。
❻ 忠州:今重庆市忠县一带。

侄为杜甫办了一场接风宴后,就没再搭理他了。

正是在忠州,杜甫知道了严武的死讯。

运送严武灵柩的船在忠州短暂停泊。杜甫真没想到,短短两个月不见,严武已经长眠在厚厚的棺木里了。严武酷爱排场,就算死了,他的棺材上还是画满了类似蛟龙和灵龟的华贵花纹。

严武的母亲一向对杜甫很好。此刻,她望着杜甫,百感交集。

在这日暮时分,杜甫心中所有对严武的不满和怨气,都消失了。杜甫想起了自己与严武为国事担忧的日日夜夜,想起了严武生前对自己的关心与照拂,也想起了那无数个两人促膝长谈的夜晚。如今斯人已逝,自己也老病缠身,不知路在何方。怎么不让人感到痛彻心扉呢?

素幔❶随流水,归舟返旧京。
老亲❷如宿昔❸,部曲❹异平生❺。
风送蛟龙匣❻,天长骠骑营❼。

---

❶ 素幔:白色的布帘,一般用于丧葬。
❷ 老亲:年老的父母,这里指严武的母亲。
❸ 宿昔:从前、往常的样子。
❹ 部曲(qū):军队、部下。
❺ 平生:平素、平时。
❻ 蛟龙匣:汉朝皇帝和亲王送葬时,棺材上都用金线绣上蛟龙等祥瑞的图案,这里指棺木的奢华。
❼ 天长骠骑营:大概意思是,严武的部下对他恋恋不舍。骠骑营(piào qí yíng)典故源于晋朝。齐王司马攸(yōu)升迁骠骑将军以后,几千名士兵不舍得离他而去。

> 一哀三峡暮,遗❶后见君❷情。
>
> ——《哭严仆射归榇❸》

到了云安,杜甫参加了一场宴会,紧接着就大病不起。

永泰元年(765)秋天到永泰二年(766)春天,足足七八个月的时间,杜甫都在云安养病。他的身体状况已经很差了。他早前得过严重的肺病和疟疾,现在还有消渴病❹,耳朵也聋了一只。杜甫很多年前就满头白发,现在,连白发也一根根掉下去,露出头皮来。棉衣本来挺合身的,人一瘦下去,就显得又厚又长。

在云安,杜甫一家借住在江边一处阁楼里。有时候,他状态稍微好一点,来了客人,他便拄着拐杖,由儿子小心搀扶着,走上几步路。

杜甫感觉自己大概活不长了,每次和朋友告别,都像永别一样,往往要痛哭一场。

> 儿扶犹杖策❺,卧病一秋强❻。

---

❶ 遗:丢失、失去。
❷ 君:指严武。
❸ 归榇(chèn):将官材送回老家。榇,棺材。
❹ 消渴病:即现代所称的糖尿病。
❺ 杖策:拄着拐杖。
❻ 强:超过。

> 白发少新洗，寒衣宽总长。
>
> 故人忧见及❶，此别泪相忘。
>
> 各逐萍流转❷，来书❸细作行❹。
>
> ——《别常征君❺》

虽然身体状况很差，但杜甫依旧惦记着国计民生。他就像一个兢兢业业的史官一样，在诗里写下历史的"现在进行时"。杜甫肯定不会想到，他这些因为操太多心而写下的议论和感想，不光成为后世宝贵的文学遗产，还成了历史学家探寻历史的宝藏。

唐代毕竟距今非常久远了，很多史书都是后来人写的，不光一些细节写得很含糊，各种资料还经常互相矛盾。所以，当时的人的亲笔记录就是极为重要的资料了。杜甫的诗恰恰就是如此。

杜甫生活在唐朝由盛而衰的年代，又格外喜欢用诗记录社会现实。安史之乱前后的几十年里的大事小事，他的诗里或多或少都有涉及。历朝历代的学者只要研究这段历史，杜甫的诗都是他们宝贵的第一手资料。许多历史的谜团，都能在杜甫的诗里找到答案。

因此，人们尊称杜甫为"诗圣"，称他的作品为"诗史"。

❶ 见及：见过、前来看望。
❷ 流转：流落、转徙。
❸ 书：书信。
❹ 细作行：细细地写下文字。
❺ 常征君：杜甫的朋友，是一位姓常的隐士。

过去两年，唐朝的头等大事，就是平定仆固怀恩之乱。

仆固怀恩本来跟郭子仪、李光弼一样，是抗击安史之乱叛军的大功臣。他家满门忠烈，几十人为国殉难，好几个女儿还嫁去了回纥和亲。

然而，正因为仆固怀恩跟回纥关系特殊，有人竟跟唐代宗诬告他勾结回纥，意图造反。仆固怀恩无法自证清白，被逼无奈，只好反叛。

仆固怀恩跟吐蕃和回纥都很熟，他一狠心，真与他们勾结在一起，于广德元年（764）和永泰元年（765）两次率军进犯，威胁长安。

杜甫听说仆固怀恩作乱，非常鄙视这个背弃国家的家伙。他对朝廷和郭子仪还是很有信心的，就在诗里对仆固怀恩说："你呀，与其让官军将你打败，不如早点把自己捆起来，去面见皇上求饶呢！"

永泰元年（765）九月，在进犯大唐的途中，仆固怀恩突然病死。唐朝与回纥再次结盟，大破吐蕃。仆固怀恩之乱终于结束。

为了酬谢回纥，唐朝不仅掏空了国库，还克扣了所有官员的工资，凑出一笔巨款送给回纥。

杜甫一向反对朝廷跟回纥借兵，听说这件事，又气又急。

朝廷为了速战速决，从平定安史之乱开始就借力回纥，已经给过他们多少好处了？老虎养大了是祸患，何况野心勃勃的回纥呢？他们跟蝎子马蜂一样，一直藏着毒针，随时准备暗算大唐啊！

闻道花门将❶，论功未尽归❷。

自从收帝里❸，谁复总❹戎机❺。

蜂虿❻终怀毒，雷霆可震威❼。

莫令鞭血地❽，再湿汉臣衣。

——《遣愤》

事情还没完，永泰元年（765）底，成都再次大乱。严武死后，四川地方将领再次分崩离析，混战了大半年，直到朝廷派来新的节度使，四川才逐渐安定下来。

杜甫虽然逃过一劫，但眼看着赴任的期限越来越近，他却还没走出四川呢！

终于，杜甫感觉身体稍微好了一些，就离开云安，继续向前走。坐了两天的船，一家人来到夔州城，暂时安顿下来。

---

❶ 花门将：此处指回纥协助唐朝击退吐蕃的将领。花门，指花门山或花门山堡，千里外就是回纥的营帐，因此又代指回纥。

❷ 论功未尽归：回纥领赏后依然没有走。

❸ 帝里：帝都，指长安。

❹ 总：为首、领导。

❺ 戎机：战争事宜。这里指宦官鱼朝恩依然把控着军权。

❻ 蜂虿（chài）：蜂尾的刺，比喻恶人或敌人。

❼ 震威：以威势使人震怒。

❽ 鞭血地：这里指回纥在陕州鞭打李适部下的奇耻大辱。李适作为唐朝天下兵马元帅，带着部下去拜见回纥可汗，却没有行晚辈的"拜舞礼"（跪拜磕头后跳着舞退开）。回纥可汗大怒，和李适争执起来，鞭打了李适的几位部下，其中两个人当晚就死了。

算算日期，杜甫再怎么拼命赶路，也不可能及时赶到京城做官。不过，在这长江三峡的入口，杜甫已经对人生释然了。

大自然中，四季不断轮转，每个季节都不会因为某个人的愿望而变长或变短。人也是一样，有太多的事不会因你的喜恶而改变。只要努力过，为梦想拼搏过，就不枉此生了。

杜甫虽然还有太多遗憾，但他知足了。他晚年当上员外郎，获得绯服鱼袋的恩宠，就算不能去上任，也已经足够安慰余生。

诗词赏析

院中晚晴怀西郭茅舍

幕府❶秋风日夜清❷，澹云❸疏雨过高城❹。
叶心朱实❺看时落，阶面青苔先自生❻。
复有楼台衔暮景，不劳钟鼓报新晴❼。
浣花溪❽里花饶笑，肯信吾兼吏隐❾名。

注释

❶ 幕府：指严武的节度使府署，古代将帅以帐幕为府署，故称幕府。

❷ 秋风日夜清：既写秋日清爽的天气，又暗喻幕府生活的清冷孤寂。

❸ 澹（dàn）云：淡淡的云彩。

❹ 高城：指成都城墙。

❺ 朱实：红色果实，如石榴、柿子等，借秋景渲染时光流逝的无奈。

❻ 先自生：一作"老更生"，强调自然生长的顽强，反衬诗人身不由己。

❼ 钟鼓报新晴：古俗以钟鼓声清亮为天晴之兆，此处因目见晚晴而不需要钟鼓报信。

❽ 浣花溪：成都草堂旁的溪流，以水质清澈、居民制彩笺闻名。

❾ 吏隐：指既为幕僚官员又向往隐居生活，典出《汝南先贤传》。

译文

　　幕府的秋风日夜吹拂，带来阵阵清凉；淡淡的云，稀疏的雨，掠过高高的城墙。枝头的红色果实眼看着纷纷坠落，石阶上的青苔未经人扫，又自顾自地生长起来。远处楼台沐浴着夕阳余晖，天色转晴已不需要钟鼓声来报信。浣花溪畔的花儿似乎在嘲笑我：它们怎会相信我这"半官半隐"的虚名呢？

拨开历史迷雾

严武真的差点儿杀了杜甫吗?

人们常说的"距离产生美",确实是有道理的。

都说严武脾气暴躁,对不合他心意的下属冷酷无情,动不动就杀人树威。甚至有人说,严武生了杜甫的气,一忍再忍,好几次都差点儿杀了杜甫呢!

那么,严武和杜甫到底为什么关系恶化了?他真的差点儿杀了杜甫吗?

杜甫和严武的关系其实很复杂。杜甫比严武大十四岁,应该很早就认识严武的父亲严挺之,两人关系还不错。所以,杜甫和严武都在朝廷当官的时候,杜甫便觉得严武是年轻小辈。后来,他们都因为房琯被贬谪,成了患难之交,反而更像兄弟了。

再后来,杜甫成了严武的下属,帮他出谋划策。杜甫本来以为能和严武"兄弟齐心,其利断金",共同开创一番事业,重现大唐荣光。然而,因身份上的巨大差异,他很快就发现,自己越来越不知道该怎么跟严武相处了。

刚加入严武幕府的时候，杜甫以为终于遇见了伯乐，总算可以敞开胸襟，一展平生之志了。他也的确绞尽脑汁，用尽平生所学，帮助严武打了不少胜仗。

关于如何抗击吐蕃，杜甫和严武意见比较统一。但当严武击退吐蕃以后，在如何治理四川这一点上，两人的观念却大相径庭。杜甫想宽政爱民，严武却要苛政强军。两个人在这最核心的问题上没法达成一致，这时的杜甫在严武眼里，不仅成不了严武的助力，反而会成为严武执政的一个障碍。

复杂的关系、身份的差距，再加上政见不同——这就注定了严武可以当杜甫的好朋友，却成不了让杜甫舒心的好上级。杜甫本来以为两个人在一起，能"一加一大于二"，创出一番大事业。结果，两个"一"在碰撞摩擦之后，加起来反倒"小于二"了，那就不如分开。

严武性格暴烈，杜甫耿直敢言，两人之间有些矛盾很正常，也难说严武没动过要杀掉杜甫的心思。

不过，杜甫知道严武去世后，不但为他写了悼诗《哭严仆射归榇》，更是在身体每况愈下的时候，写了一组哀悼友人和名士的长诗《八哀诗》。其中就有一首《赠左仆射郑国公严公武》，总结和概括了严武的一生。

杜甫那时已经又老又病，对做官不再抱什么希望了。他这时候写诗，应该不会是为了官场情分，而纯粹是为了表达自己的真情实感。

那么，杜甫是怎么评价严武的呢？

"诸葛蜀人爱，文翁儒化成。公来雪山重，公去雪山轻……"

你看，这还是在颂扬严武的功绩啊！杜甫把他比作诸葛亮和文翁❶，说他不仅受百姓爱戴，还为当地做出了杰出的贡献，却像颜回一样短寿，像贾谊一样报国无门。如此高的评价，如此深的惋惜之情，就算有些美化的成分，也绝对不会出自一个痛恨和厌恶严武的人的笔下。

更何况，写这首诗的，可是疾恶如仇的杜甫！

所以，我们可以说，杜甫和严武之间可能确实有过不愉快，但他始终敬重这位恩人和知己，两个人的关系，也一定远远没有达到决裂的程度。

---

❶ 文翁：西汉蜀郡守。他清正廉洁、秉公执法，在成都兴修水利，兴办公立学校，深受四川百姓爱戴。

第六章
夔州叹

唐代宗大历元年（766）春
——唐代宗大历三年（768）春

异乡为异客

杜甫最不喜欢天热了。

七年前,杜甫在华州的那个早秋,气温久久没降下来,太阳恶狠狠地炙烤着大地。杜甫埋头处理文件的时候,大汗淋漓。那鬼天气,飞鸟都能晒死,鱼都能干死。人们肚子里头堆的肠胃心肝,也快被这大"火炉"给焖熟了。

如今,跟夔州的夏天相比,华州的早秋根本不够斤两。

三四月的夔州,天气已逐渐湿热起来。人们穿过树林、经过水边,很容易被蚊虫叮咬,得上疟疾、痢疾等疾病,也就是古人说的"中了瘴气"。这段时间,鸟儿都不往树林里飞,人更不想出门了。

杜甫来到夔州后不久,刺史安排他住进城郊山腰上的一间客堂,还派了几个仆人去照顾他。这样的鬼天气,杜甫哪儿都去不了,整天干坐着。他肺不好,喘不上气,浑身淌汗。更让他心烦意乱的是,空中老是干打雷,却半天不下一滴雨。三峡江水滔滔不绝,杜甫却觉得,那些根本就不是水,简直是熊熊大火啊!

杜甫连写了三首诗抱怨这鬼天气，题目相当简单粗暴，就一个字——《热》!

更糟的是，杜甫的消渴病越来越厉害。他本来就容易口渴，再赶上这种大热天，整日里口干舌燥，只能一杯接一杯灌水。不巧了，这天太阳落山的时候，村里恰好断水。这边不打水井，都是把竹子接成长长一根管道，从山上引泉水下来。

肯定是上面的竹管出问题了，可天已经黑了，上头是深山老林，怎么修竹管呢？杜甫有个仆人，叫阿段。邻居都在抢剩下的一点点水时，阿段却拔腿冲上山去了。

一直到半夜三更时分，杜甫渴得喉咙生火的时候，终于"哗啦"一声，为了主人，阿段竟然穿过虎豹横行的山林去修水管，杜甫是又感动，又惭愧。❶

夔州不光气候恶劣，民风也跟中原和成都这些地方很不一样。

阿段这样的奴仆，很多都是被官府抓来的，有的甚至连个名字都没有。这地方的人崇信鬼神和巫术。

杜甫很不习惯这奇异的风俗，更瞧不上那些迷信的东西。这片充满蛮荒气息的新天地，跟外面的世界太不一样了，令他困惑无比。

三峡的那一头，就是王昭君的家乡——湖北秭归❷。"一方水土养一方人"，按理说，夔州离王昭君的家乡这样近，应该少不了美女啊！

---

❶ 参见《热三首》《示獠奴阿段》。
❷ 秭（zi）归：今湖北省宜昌市秭归县。

然而，杜甫只看到一群四五十岁的妇女，个个头发花白，面容憔悴。她们不怕死似的，爬上险峻的山崖砍柴，再背去市场上卖钱养家。

为什么都是女人在干苦力活呢？夔州的风俗是"女主外、男主内"，男人在家做家务，女人要去外面赚钱。

杜甫感叹道：不是这儿不出美女，是民风残害了姑娘们的青春啊！

秭归还出过伟大的诗人屈原，但在杜甫眼中，夔州汉子简直太粗鲁了。这里的人不太读书，从小学驾船，在疾风怒涛中拿命挣点小钱，转手就花掉。

屈原的高尚情操，他们继承到哪儿去了？❶

杜甫有这样的感想，是不是有点"不食人间烟火"了呢？以前那个写出"三吏三别"，切身理解百姓苦痛的诗人去哪儿呢了？

其实杜甫不是存心这样高高在上的。他归心似箭，本不想在夔州多停留，却又不得不在这里耗着，一天天烤化掉所有的耐心。

人开心的时候，看什么都是美的。悲伤的时候，什么东西都像是在对他冷嘲热讽。杜甫身体不好，心情又烦，这些急躁的情绪，就都投射到他眼中的景物上，让他戴着"有色眼镜"看世界，成为异乡里的"异客"。

---

❶ 参见《雷》《奉汉中王手札》《负薪行》《最能行》。

不过还好,杜甫至少不孤单。家人陪伴和守护着他,朋友也尊重并照顾着他。等天气凉爽一些,一切也就好起来了。

怀古与悲秋

入秋了,杜甫总算能出门走走,心情也好多了。

三国时期著名的"白帝城托孤"的发生地,大抵就是唐朝时候的夔州城。刘备就是在这里将刘禅托付给诸葛亮的。不过,"白帝"指的可不是刘备,而是西汉末年就在这里称帝的公孙述。

白帝城里满是历史古迹,杜甫身体好了些,就迫不及待游览去了。他在祭祀刘备的永安宫回忆三国往事,感叹刘备三兄弟和蜀汉的命运,又去供奉诸葛亮的武侯庙,感叹贤臣的赤诚之心和时运不济。

永安宫旁边的江滩上,有一处诸葛亮当年摆下的"八阵图"的遗迹。这个号称威力无穷的阵法,不过是垒起来的八行石头,相隔两丈远,看不出有什么惊天地、泣鬼神的神奇力量。不过,几百年来,任凭江水如何汹涌澎湃,这些石堆却依旧岿然不动,或许真有些特别之处呢!

刘备终究没能为关羽和张飞报仇，夷陵之战❶后兵败身死。这千年不变的八阵图遗迹，莫非寄托了蜀汉伐吴的遗恨，才一直在这里守护刘备之灵吗？

> 功盖❷三分国，名成八阵图。
> 江流石不转❸，遗恨❹失吞吴❺。
> ——《八阵图》

去到昭君村，想起王昭君，杜甫更是为她感到惋惜。王昭君不肯行贿，就被画工毛延寿故意画丑，只能远嫁匈奴，在大漠中留下一座孤单的坟茔。光凭一张画像，怎能看到美人的真容呢？她所有的遗憾和悔恨，都只能隐藏在琵琶曲《昭君怨》里了。

杜甫同情古人的遭遇，其实还是在为自己惋惜。都到现在了，他心中的壮志依旧没有熄灭，梦想施展自己的才华，拯救国家于水火之中。当然，杜甫自己也明白，他不太可能实现自己的志向了。但至少，希望的星星之火，依旧倔强地在他苍老憔悴的身体里燃烧着。

---

❶ 夷陵之战：三国时期蜀汉对东吴的一场战争。刘备举大军进攻东吴，却在夷陵（今湖北宜昌市）一带惨败。蜀汉损兵折将，国力大损。此役后，刘备身体状况急剧恶化，很快去世。

❷ 盖：超过。

❸ 石不转：涨水的时候，八阵图的石堆依然不动。

❹ 遗恨：到死都在悔恨、遗憾。

❺ 失吞吴：有两种解释，一种是进攻吴国这件事是一种失策之举；另一种是被吴国打败是失策，令人悔恨。

在夔州住了一段日子后，杜甫又没钱了。他身体不好，却还得不时进城陪陪官员，帮他们写写稿子，赚些零钱养家。

杜甫也试过圈起篱笆，养鸡生蛋，再种些蔬菜来吃。然而，彼时夔州大旱，蔬菜全都枯死了，白忙活一场。好不容易赶上秋雨，杜甫赶紧撒下点莴苣种子。没想到，莴苣没发芽，反倒长出不少野苋菜。杜甫为莴苣打抱不平，气得指桑骂槐，把野苋当成朝廷里的奸臣训斥了一番。

杜甫痛恨误国的乱臣贼子，怀念那些命运多舛的名将和贤臣。有了空闲，他为张九龄、李光弼、严武、郑虔和苏预等人写了八首长诗，又为各位将领不能为皇帝分忧，无力抵挡吐蕃和回纥感到痛心。杜甫作为一个身在草野的闲臣，却能深刻洞察天下的局势和朝廷的弊病，实在难得。

只可惜，英雄无用武之地。皇帝远在京城，哪里听得见"蛮荒之地"里的呼声？

杜甫写了这么多评论时政的诗，当然希望这些诗能传到皇帝手上。但其实，他更多是写给自己看的——只要不停地写作，就能证明他的脑子还足够灵光，志气还没有磨灭。如果不再惦记着国家兴亡和天下苍生，就杜甫这样糟糕的身体，少了精神支撑，还能坚持多久呢？❶

夔州的秋天，我们的诗人看见什么都会增加他的忧思。

---

❶ 参见《种莴苣》《缚鸡行》《诸将五首》《八哀诗》《壮游》。

见到满月，杜甫思念亲人和故乡；见到残月，他又觉得人生无常、寂寞无边。

夔州上空，一下一下回荡着捣衣的声音。天气冷了，人们用木棒捶打旧衣服，弄平整以后，一层层缝起来，就成了过冬的寒衣。巫峡依旧波浪滔天，漫天愁云沉甸甸的，都快压到地上来了。

秋天的露水浸湿了枫树叶，在鲜红的色彩上舔出一个个小洞，接着枫树叶便渐渐凋零枯萎，化为泥土。见到菊花开了，杜甫就知道，自己又多漂泊了一年。

回朝做官的愿望，终究还是落空了。

杜甫只能在这异乡养病,一天天虚度光阴。他只能安慰自己,长安那边波谲云诡❶,政治斗争激烈,早就不是他这个老头儿能插手的了。不去蹚那浑水,倒是好事。

只是,战火依旧不熄,谁又能力挽狂澜,拯救国家于水火之中呢?

杜甫曾在诗中描绘过大唐盛世的万千气象。现在,他也只能放下笔,默默哀叹了。

> 玉露❷凋伤❸枫树林,巫山巫峡气萧森❹。
> 江间波浪兼天涌❺,塞上❻风云接地阴❼。
> 丛菊两开❽他日❾泪,孤舟一系故园❿心。
> 寒衣处处催刀尺⓫,白帝城高急暮砧⓬。
>
> ——《秋兴八首(其一)》

---

❶ 波谲(jué)云诡:原本是用来形容房屋里面的构造像云彩和水波一样千姿百态,后来形容事物变幻莫测。

❷ 玉露:秋天的露水,多为白色,就以"玉"来做比喻。

❸ 凋伤:使草木凋零衰败。

❹ 萧森:萧瑟阴森。

❺ 兼天涌:形容波浪滔天。

❻ 塞上:指夔州。

❼ 接地阴:指云朵压得很低,几乎贴着地面。

❽ 丛菊两开:菊花开过两次,指杜甫已经在夔州度过两个秋天。

❾ 他日:往日,指很多年以来杜甫经历的艰难岁月。

❿ 故园:这里指长安。

⓫ 催刀尺:赶着裁制过冬的衣服。

⓬ 急暮砧(zhēn):黄昏时的捣衣声非常急促。砧,捣衣石。

杜甫在夔州正发愁怎么过冬呢，还好，又来了一位贵人。

蜀中内乱已经平定下来。朝廷选择息事宁人，各路军阀都给了些好处。有一员参战的牙将叫柏茂琳，升官当了邛南❶防御使，夔州和忠州等地都归他管。

柏茂琳年底来到夔州镇守，急需一个文化人帮他写漂亮奏章。夔州这么荒蛮的地方，去哪儿找这种人才呢？当然只有献过三大礼赋的杜甫了！

柏茂琳以前是严武的属下，可能在那时就很欣赏杜甫的才华，或者至少听说过他的大名。杜甫正有一肚子救国的主意没人听呢，帮柏茂琳写奏章，说不定能有机会让皇帝知道他的想法！更让杜甫感到高兴的是，柏茂琳不要求他每天坐"办公室"，在哪儿干活都成，自由多了。

就这样，快五十六岁的杜甫又有了活儿干，当了柏茂琳的半个"秘书"。这位"老板"也很够意思，重金资助杜甫一家。为了让杜甫住得舒服，离自己也近一些，方便参加活动，柏茂琳还特意在江边找了座阁楼给杜甫住。

杜甫不想占太多便宜，就没让家人也随他搬到西阁来。他平时去参加各种宴会，开心倒是真开心，但等到繁华散尽，他回到西阁就又成了孤零零一个人，真寂寞啊。

---

❶ 邛（qióng）南：邛州（今四川省邛崃市）以南的地区。

夔州叹

岁暮❶阴阳❷催短景❸，天涯❹霜雪霁❺寒宵❻。
五更❼鼓角❽声悲壮，三峡星河❾影动摇❿。
野哭⓫千家⓬闻战伐⓭，夷歌⓮数处⓯起渔樵⓰。
卧龙⓱跃马⓲终黄土⓳，人事⓴音书㉑漫寂寥㉒。

——《阁夜》

---

❶ 岁暮：年末。
❷ 阴阳：日月。
❸ 短景：冬季白天变短，夜晚变长。景，日光。
❹ 天涯：指夔州。
❺ 霁：雨后天晴，指霜雪停歇。
❻ 寒宵：寒冷的夜晚。
❼ 五更：快天亮的时候。古代把一夜分为五个更次，五更大约是现在的凌晨三点到五点。
❽ 鼓角：指军中的鼓声和号角声。
❾ 星河：指银河。
❿ 影动摇：既描写星光落在三峡水面上摇摆不定的样子，又暗指天下战乱不息。
⓫ 野哭：在郊野哭泣，指古人哀悼死者。
⓬ 千家：指人家很多。
⓭ 战伐：战争。
⓮ 夷歌：少数民族的歌曲。
⓯ 数处：好几处。
⓰ 起渔樵（qiáo）：在渔夫和樵夫之中响起。
⓱ 卧龙：指诸葛亮。
⓲ 跃马：指东汉时期的公孙述，割据夔州蜀地，自称为白帝，白帝城因他得名。
⓳ 黄土：埋入黄土，指死亡。
⓴ 人事：人世间的事。
㉑ 音书：音信。
㉒ 漫寂寥：任凭它们沉寂、寂寞。

有一次，杜甫在宴会上喝多了酒。酒劲一上来，他竟然想要帅，翻身上马了！然而，还没颠两下，杜甫就被掀下去了。一身老骨头，摔得七荤八素。

大伙儿都劝杜甫，您呀，别再喝酒了。再这么喝下去，身体真要撑不住了。杜甫记着郑虔和苏预的事儿呢，不想步他们后尘。可他不仅身体难受，心里也苦，只有喝酒才能让他收获片刻的宁静与快乐。

杜甫一直喜欢登高，这让他觉得自己还算强壮。在高处，既能俯瞰周围的尘世，又能望到平时难以见到的远方，似乎身边一切难缠的烦恼，也都变得微不足道了。

秋季的天空，显得更加空旷高远。在这寂寥又凄清的天地间，一声声猿猴的长啸融进凛冽的风，化成一把把哀伤铸成的利刃，割裂着世间万物。

进入枯水期，长江的水位低下去了，水流也清澈起来。洁白的沙洲冒出头，引来许多寂寞的鸟儿在上面盘旋。峡谷两旁的树木无边无际，萧萧地飘下落叶之雨。长江就算在枯水季节，气力弱了几分，也依旧滚滚而来，仿佛无穷无尽。

杜甫已经数不清在异乡哀叹过多少个秋天了。他有肺病，还有消渴病和一堆并发症，真是苦不堪言。望着萧瑟的夔州秋天，回想此生历经的种种磨难，杜甫在他人生的暮秋时节，为自己一天天凋零的生命悲伤不已。

风急天高猿啸哀❶,渚❷清沙白鸟飞回。
无边落木❸萧萧❹下,不尽长江滚滚来。
万里❺悲秋常作客❻,百年❼多病独登台。
艰难苦恨❽繁霜鬓❾,潦倒❿新停⓫浊酒杯。

——《登高》

❶ 猿啸哀:猿猴凄厉哀凉的鸣叫声。
❷ 渚(zhǔ):水中的小洲,露出水面的小块陆地。
❸ 落木:指秋天飘落的树叶。
❹ 萧萧:风吹动落叶的声音。
❺ 万里:指夔州距离长安遥远,回京无望。
❻ 常作客:长期漂泊在外。
❼ 百年:形容一生,这里指晚年。
❽ 苦恨:极恨、极其懊憾。
❾ 繁霜鬓(bìn):白发越来越多。
❿ 潦倒:憔悴、颓败。杜甫觉得自己衰老多病,又一事无成。
⓫ 新停:指杜甫因病情决定戒酒。

归田园居

这年冬天,杜甫本来心情就不好,还跟西阁的房东闹僵了,越住越憋屈。所以,没过多久,杜甫就找了另一个地方,打算过完年就带着家人搬过去。

大历二年(767)春天,杜甫在梅溪河的西岸(也叫瀼西)租了几间草屋,又在河对面盘下了一座果园,划着小船就能过去。

柏茂琳加派了几个仆人过去,让杜甫衣食无忧、安心养老。仆人们干活很卖力,从砍树修篱笆到除草耕田,几乎样样精通。这些仆人身份卑微,向来都不被当人看。杜甫却很尊重这些人,让他们悠着点干活,还送酒犒劳。

刚来夔州的时候,杜甫几乎一无所有。靠着柏茂琳的慷慨资助,他每天都很悠闲,写写诗、弹弹琴,享受田园山水风光。碰上客人来,杜甫总有新鲜的水果和鱼来招待,再也不愁啥都拿不出来了。

柏茂琳还经常派人给杜甫送些瓜果蔬菜。不过，送货的人是个势利眼，总是偷懒不过来，就算来了，也是胡乱递些野菜，让杜甫气呼呼的。

杜甫之前跟柏茂琳说过，除了特别重要的文书，杂活儿尽量不要安排他做。柏茂琳便交给他另一个任务——帮忙管理一大片公家的稻田。

很多年来，这块地都是用来种军粮的，非常重要。柏茂琳答应杜甫，如果今年能丰收，就多分一些稻谷给杜甫。

杜甫感觉看田的那个人很不靠谱。眼看着要秋收了，他责任心强，就干脆住到公田旁边，亲自照看。

眼看庄稼长势喜人，自家仓库肯定不缺米了。

杜甫美滋滋地想着，好事不能独享，到时候往家里运粮食，可得顺便"不小心"多漏些稻穗下去，让穷苦百姓们跟着捡一捡，好回家过冬啊！❶

庄稼果然大丰收，杜甫也能安心过冬了。

这个秋冬，杜甫忙完农活就休息了，闲时就剥剥橘子吃。这一年，他难得能吃饱穿暖，舒舒服服地过年，再也不用东奔西走去凑钱。粮食和蔬果多出来不少，杜甫就都卖掉，好凑足回中原的路费……在夔州的日子这么滋润，杜甫住下来不好吗，干吗想着走呢？

---

❶ 参见《过客相寻》《园》《园官送菜》《行官张望补稻畦水归》。

原来，就在这年夏天，杜甫的三弟杜观来了夔州，杜甫可高兴坏了。

杜甫一直以来都有一块很大的心病——不能跟兄弟团聚。他总说，如果能和家人重聚，他的病自然就好了。

这么多年，小弟杜占几乎一直跟着杜甫。三年前，二弟杜颖也来了成都一趟。然而，他很久没有收到三弟杜观和四弟杜丰的消息了。天下这么乱，杜甫甚至不敢去想，这两个弟弟到底还在不在人世。

收到杜观的信，杜甫眼睛猛然一亮。他本来已经做好了最坏的准备。但现在，杜观不仅安然无恙，还很快就要到夔州了，他怎能不欣喜若狂呢！两个儿子没见过这位叔叔，杜甫念完信就跟孩子讲起了过去。

> 巫峡千山暗，终南❶万里春。
> 病中吾见弟❷，书到汝为人❸。
> 意答儿童❹问，来经战伐新❺。

---

❶ 终南：终南山，在长安南边。
❷ 弟：杜甫同父异母的弟弟杜观。这里指杜观的书信。
❸ 书到汝为人：这句的意思是，以前杜观生死不明，杜甫甚至都当他是鬼魂了。见到书信，杜观才又"活过来"了，在杜甫眼前变得鲜活。
❹ 儿童：指杜甫的孩子。
❺ 战伐新：指郭子仪讨伐周智光。指杜观是冒着危险，通过战区远道而来。

> 泊船悲喜后，款款❶话归秦❷。
> ——《喜观即到复题短篇二首（其一）》

杜观在夔州住了些日子，跟杜甫商量，打算回陕西接家人去江陵❸居住。杜家在那边有不少亲友，应该能照应得上。

杜甫一听就心动了，搁置了很久的回乡梦，又按捺不住地涌上了心头。

其实，杜甫这两年留在夔州，不光是为了养病，也有别的原因。

前两年，有个叫周智光的节度使在洛阳和长安之间割据一方。官员只要路过他的地盘，就是九死一生。所以，在夔州的这两年，杜甫就算身康体健，也不可能拖家带口冒着生命危险走这条路去长安。

直到大历二年（767）初，周智光的部下杀了他，重新归顺朝廷，洛阳到长安的路才终于通了。更好的消息是，最近这几个月，河北地区的节度使纷纷入朝，为唐代宗祝寿，宣誓效忠。

这件事的意义可就大了！

要知道，河北地区是叛军的老巢，那边有不少胡人百姓，一直向着叛军一方。安史之乱结束后，唐代宗任命的不少将领和节度使，也

---

❶ 款款：慢慢。
❷ 秦：指长安。
❸ 江陵：今湖北省荆州市一带。

都是投降的叛军,他们心里依然不服唐朝。这些人肯去长安拜见皇帝,说明他们暂时不想兴风作浪了。

不管将来会怎么样,杜甫都觉得这是个好兆头,代表大唐要重归安定。他幻想着,只要大家都严格要求自己,按照现在这种气象,用不了多久,朝廷就能朝气蓬勃了。君王德高望重,贤臣和边将也各司其职,他们一定会成为天下人的榜样。

杜甫看好国家的未来,当然也就不甘心在夔州漂泊了。他已经苍老了,就算没法再匡扶社稷,至少也要回到家乡才行!

离开夔州的日子,是越来越近了。

又见剑器舞

大历二年(767)十月,杜甫去夔州长史❶元持家里赴宴。

元持今天可真高兴,几杯美酒刚一下肚,脸上就漾起了红光。他府上新到了一批歌妓,个个才貌双全。

---

❶ 长史:一州刺史(太守)的辅佐官。

在这蜀地小城，凑齐这样一支女子乐队，可费了元持不少心思。

琵琶的第一个音符刚蹦出来，元持的努力就都有了回报。箜篌❶音一起，洞箫声一出，宾客们都不由得恍惚起来。这间不大的厅堂仿佛忽然有了魔力，带着大家瞬间飞越了崇山峻岭，来到千里之外的长安，共赏美妙的仙音。

伴着婉转的乐声，一队长袖善舞的女子款款而来。她们还没振袖起舞呢，光是上台这几步路，就足够摇曳生姿、惹人遐想了。

"好！好！好！"

一片交口称赞声中，元持捋着胡须，得意极了。众人轮流抛出骰子，行起酒令，推杯换盏，好不快活！

周围热闹非常，杜甫却一直在走神，不知在发什么呆。身旁的人叫了杜甫好几次，他才回过神来，一脸尴尬，双手不知安放于何处。

元持挺直了腰板，环视宾客一周，示意大伙儿少安毋躁。舞女们微微欠身，离开舞台，为今晚的压轴大戏腾出位置。

紧接着，一个消瘦的身影闯进杜甫的视野。

---

❶ 箜篌（kōng hóu）：一种拨弦乐器。

今夜头一回，杜甫的目光不再涣散，看清了面前的人物——一位中年妇女。她身穿一套利落的胡服，手持一柄映着摇曳烛光的长剑，静静站在舞台中央。或许为了遮掩岁月的痕迹吧，女子脸上化了很浓的妆，有些俗艳了。不过，岁月并没有磨灭她那一身英气。

灯火渐暗，女子轻抖手腕，一挺手中长剑，脚下迈步，闪转腾挪，跳起一曲"剑器浑脱舞"。舞姿如惊雷破天，如怒涛回旋，如银龙飞舞，如后羿射日……

女子年纪不小了，体力有些不支。跳完这支剑舞，她不住地喘气。尽管稍显吃力，她刚才的表演已经相当惊人了，引来满堂喝彩。如果这女子再年轻些，即便是在长安或洛阳，她也一定能舞出一番天地来。

唉，长安，洛阳……

杜甫又想起了伤心的往事，拍着干瘪的胸膛，咳嗽个不停。他用颤抖的袖口擦擦嘴角，总觉得这剑舞很熟悉，好像在哪里看过，却又差了那么一点点意思。

忽然，杜甫想起了什么，顿时眼睛一亮，忙问这位名叫李十二娘的女子："你在哪里学的这剑器舞？"

李十二娘向杜甫回礼，声音里透出掩饰不住的自豪："我啊，是公孙大娘的弟子。"

听到"公孙大娘"这个熟悉又陌生的名字，杜甫微微张开了嘴。不知不觉间，咸涩的泪水早已充满了眼眶。

朦胧的世界里，漫长的岁月像蚕丝一样拉长。身边的舞者、宾客、

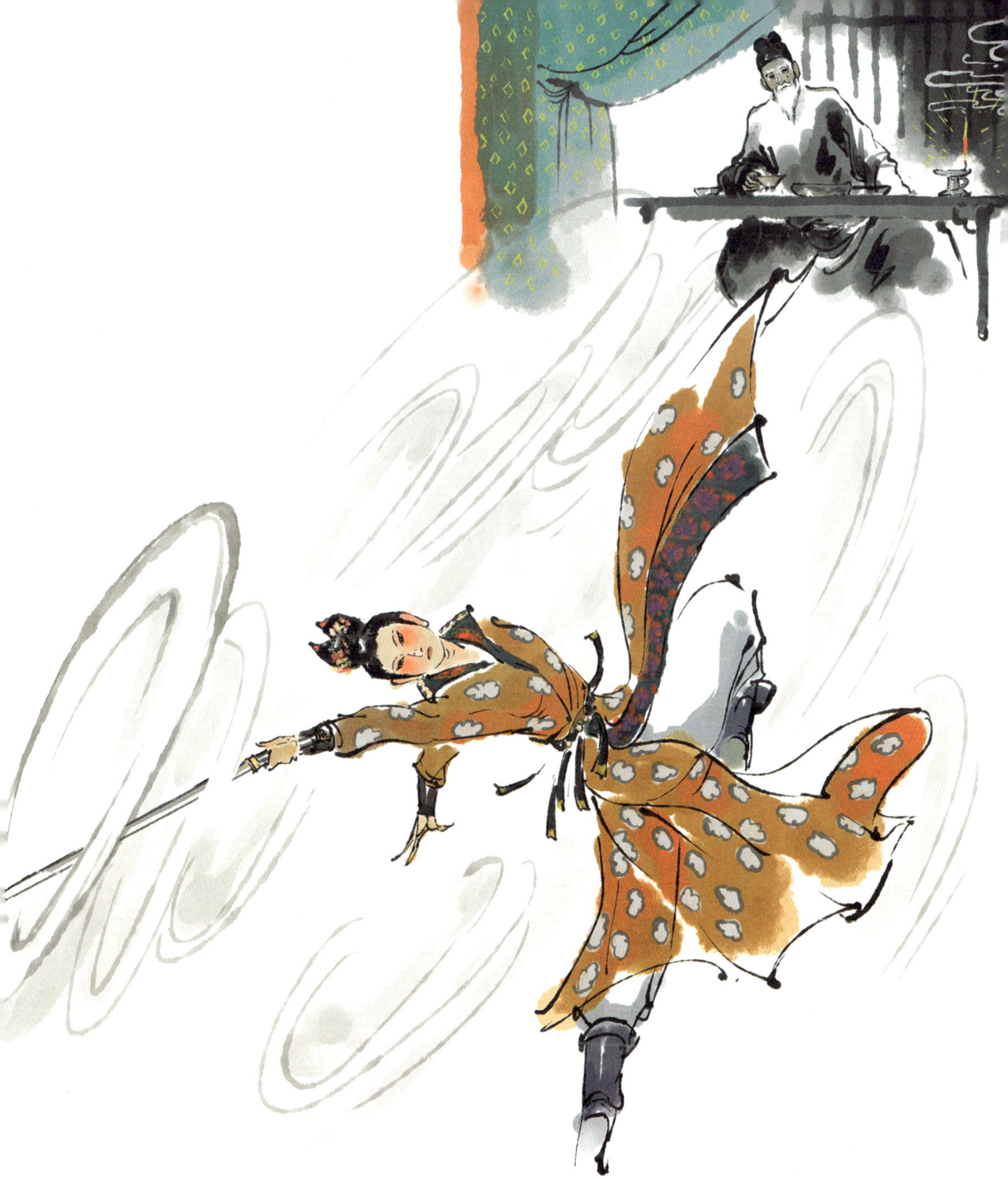

厅堂和红烛仿佛消失不见，化为满眼往事。时光逆流而上，回到杜甫的童年。所有雾气终于重新凝聚成型，捏出一个持剑的女子，捏出如织的人群，捏出琳琅满目的货品，又捏出喧嚣的闹市……

就在这瞬间，杜甫回到了梦中的繁华盛世，忆起了少时的壮志豪情。开元五年（717），公孙大娘在郾城表演。齐声叫好的人群之中，杜甫是人群前排里那个稚嫩的男孩。他睁大好奇的双眼，拼命想把这绝代风华刻在脑海里。

然而，这已经是五十年前的事了。

五十年的光阴啊，像翻一下手掌似的，说过去，就过去了。战火轻易地撕碎了华丽的皇城与宫殿，唐玄宗的乐队和舞团也都纷飞四散、隐入尘烟。只剩下李十二娘这一位公孙大娘的弟子，传承了几分繁华盛世才配拥有的精妙剑舞，在这寒冷的十月里，唤醒了杜甫的记忆。

件件往事一下子涌了出来，却在杜甫的心里留下了一个巨大的窟窿，怎么填呢？

歌声和乐声都停止了，人群也都散了。杜甫沉默着走出院外，独自回家。只见夜空中一轮明月悄然升起，映照得夜空亮如白昼，却无法照亮昏黑的小巷。

杜甫迈动长满老茧的双脚，在一片昏黑中，摸索着回家。

一时之间，这个满心凄凉的老头子啊，真不知道该往何处去了。

先帝❶侍女八千人，公孙剑器初第一。

五十年间似反掌，风尘❷澒洞❸昏❹王室。

梨园❺弟子散如烟，女乐馀姿❻映寒日。

金粟堆❼前木已拱❽，瞿唐石城❾草萧瑟。

玳筵❿急管⓫曲复终，乐极哀来月东出。

老夫不知其所往，足茧荒山转愁疾⓬。

——《观公孙大娘弟子舞剑器行》

大历三年（768）正月，三弟杜观从江陵来信说，他已经在荆州旁边的当阳⓭安顿下来，杜甫可以过来一起住了。

为了兄弟能团聚一堂，也为了两个儿子的前途，杜甫没太犹豫，就痛痛快快地放弃了夔州的小康生活。他不想就这样在蛮荒之地过一

---

❶ 先帝：指已故的唐玄宗。
❷ 风尘：指战乱。
❸ 澒（hòng）洞：弥漫无边。
❹ 昏：昏暗、昏沉，比喻国运衰退。
❺ 梨园：戏曲班子，这里指唐玄宗的宫廷乐队。
❻ 馀姿：前辈留下来的舞姿，指李十二娘继承的剑器舞。
❼ 金粟堆：唐玄宗的陵墓。
❽ 木已拱：树木已经长到可以两手合抱那么粗，指人死去很多年了。
❾ 瞿唐石城：指夔州。瞿（qú）唐，即瞿塘峡。夔州一带的夔门是进入长江三峡中瞿塘峡的入口。
❿ 玳筵（dài yán）：豪华、奢华的宴席。
⓫ 急管：节奏急促的管乐。
⓬ 愁疾：由于愁苦而引发的疾病。
⓭ 当阳：今湖北省宜昌市当阳市。

辈子。

　　杜甫拿出不多的积蓄，买了一艘木船。船虽然不大，也足够承载他一家老小了。杜甫抚摸着船身，恍惚间，竟有种错觉，仿佛这艘船就是他心爱的成都草堂——对那些靠水吃饭的人们来说，家就是船，船就是家呀。

　　解开缆绳，张开船帆……

　　就这样，杜甫步入"新家"，开始了人生最后的流浪。

诗词赏析

咏怀古迹五首·其二

摇落①深知宋玉悲②,风流儒雅亦吾师。
怅望千秋③一洒泪,萧条异代不同时。
江山故宅④空文藻,云雨荒台⑤岂梦思⑥?
最是楚宫俱泯灭,舟人指点到今疑。

注释

① 摇落:草木凋零,暗引宋玉《九辩》"悲哉秋之为气也,萧瑟兮草木摇落而变衰"的悲秋主题。

② 宋玉悲:宋玉,战国楚国人,著名辞赋家。宋玉仕途失意、壮志难酬的悲凉,与杜甫产生跨越时空的共鸣。

③ 怅望千秋:跨越时空的怅惘,杜甫与宋玉同为"萧条不遇"的失意者。

④ 故宅:宋玉在江陵、秭归的故居,仅存文采却无人理解其志。

⑤ 云雨荒台:宋玉《高唐赋》中写楚王与神女相会的传说,本意劝诫君王勤政,却被误解为艳情故事。

⑥ 岂梦思:反问语气,批判后人曲解宋玉的创作深意。

译文

　　秋叶飘零深深体会宋玉的悲愁,你文采风流、儒雅气度堪称我的老师。遥望千年往事不禁潸然泪下,你我生不同世却同样人生凄凉。故宅犹在空留华丽辞藻,云雨荒台难道仅是虚幻梦语?可叹楚宫早已湮灭无踪,船夫指点的遗迹至今令人生疑。

拨开
历史迷雾

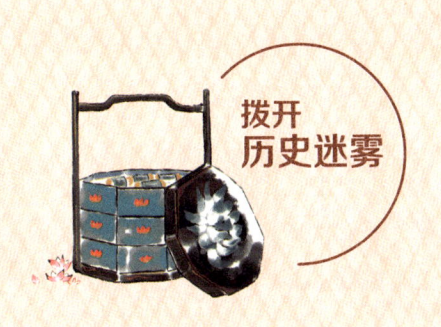

在古代，长江三峡有多险？

　　长江三峡从西向东，依次由瞿塘峡、巫峡和西陵峡三段峡谷组成，起点在重庆市奉节县的夔门，终点在湖北省宜昌市的南津关。

　　在古代，船只穿过长江三峡前，船夫都得在岸上求神灵保佑，得一个心安，方可开航。那时候的科技水平还相当有限，人们乘船经过三峡，一不留神就会船毁人亡。正因如此，杜甫走水路去荆州，其实是无奈之举，走这条路求平安还来不及呢，更别提借机游玩一番、缓解郁闷的情绪了。

　　三峡的危险，主要在于难以预测的急流和险滩。古时候，木质帆船想越过那些天险，全靠船夫丰富的经验，以及万万不可或缺的勇气和运气。

　　从夔门进入瞿塘峡，迎面就撞见一只拦路虎——滟滪堆[1]。滟滪堆

---

[1] 滟滪（yàn yù）堆：在重庆市奉节县白帝城下瞿塘峡口，1959 年炸除。

是江面中央矗立着的一块巨石，随着季节变化，露出水面的巨石的形状和大小也会变。秋冬季节是枯水季，滟滪堆像一头大象一样站在江心。顺江而下倒还好说，逆流而上就比较困难。而到了夏季的丰水期，滟滪堆大部分藏进水底以后，周围就会卷起涡流。水上波浪滔天，四周又满是水雾，船只很容易因为船夫的判断失误而触礁沉没。

巫峡相对好一点，不那么危险。不过，进到西陵峡以后，才到了真正的难关。长江三峡有三大险滩——泄滩、青滩（新滩）和崆岭滩，都在西陵峡！

从西向东走，顺流而下，进入秭归县一带，首先遇到的是泄滩。这段水面遍布旋涡，船只如果逆行，将会非常吃力。而更大的威胁，来自附近长江支流带进来的大量沙石，久而久之，淤积了厚厚的一层，让河面变得非常狭窄，很难通过。

泄滩后面是青滩。这一段航道两边的山体特别容易滑坡，不断改变河道的结构，形成新的险滩。青滩有大量乱石，甚至有能将江面变得高低不平的巨石。到了枯水季节，江水下跌，此时青滩会出现好几米高的陡坝，形成江中瀑布。船只不能直着开过青滩，只能以曲线缓慢穿越。要不然，船一下子从高处跌落，没跌散架了，就算撞大运！

不过，跟崆岭滩比起来，泄滩和青滩都不算什么了。

有句谚语说，"青滩泄滩不算难，崆岭才是鬼门关"。崆岭滩水中的礁石和乱流都多得可怕，江心曾经横着一块几百米长的巨石，名字叫"对我来"。这块巨石把河面劈成左右两道，两边的水流各有各的危险。这块巨石为什么叫这个名字呢？据说，如果不想撞上它，就只能先冲它开过去，借着水流把船推回来的反作用力，才能顺势绕过去。

不过，随着社会和历史的发展，人们也在不断改造长江三峡，找到顺利通过长江三峡的方法。今天的这段水路，早已没有了往日的凶险。船只畅行无阻，游客也终于可以安心欣赏两岸风光了。

其实，三峡曾经的险滩和急流，只是它成名的一部分原因。

人在生死一线的时候，往往能被激发出无穷的灵感和创造力。古往今来，许多文人墨客都曾走过长江三峡，并留下了许多不朽的诗篇。

第七章

无尽归途

唐代宗大历三年（768）春
——唐代宗大历四年（769）冬

天地一沙鸥

从夔州向东,就进入了著名的长江三峡。

古时候的三峡,和今天可太不一样了。这里有壮绝的景色和动人的传说,却也有极其危险的水路,称不上"旅游景区"。江面满是回旋的涡流,像烧开的水一样"沸腾"着。船行驶在江面,上下颠簸,颠得乘客们直不起身。

三峡里还有好几处著名的险滩,遍布歹毒的礁石。生死就在一线之间。水手如果不熟悉河道,就很容易搁浅或触礁,甚至船毁人亡。所以说,古人过三峡之前,一般都要用各种方式祈求上天保佑。只要能平安出峡,就谢天谢地了!

杜甫更是如此。他只想快点儿离开三峡,快点儿到当阳安顿下来,和弟弟商量以后的事情。

穿过葫芦嘴似的峡口,杜甫乘坐的船终于告别了长江三峡,进入平缓的河道。两岸原本雄奇险峻的山峰柔和了许多,原本蜿蜒曲折的江面也宽阔了许多。快到江陵的时候,江风已不似峡谷里那么凛冽,而是温柔地吹拂着岸边纤细的青草。

月光如银白色的细流一样缓缓流淌，与江水交织到一起，缠绕住杜甫那艘孤独的木船。夜空中点缀着几颗星星，忽明忽暗的。夜空和原野是一样的空旷寂寥，一时之间，真有点分不清哪边是天上，哪边是地下。

这么多年来，杜甫就像一只又老又瘦的沙鸥，四处漂泊，只是为了一口食物而已。瞧见一块平静安全的地方，沙鸥就飞下来歇歇脚。然而，它脚后跟还没着地呢，不是来了狂风，就是降下暴雨，又逼得它不得不飞走。沙鸥有什么办法呢？只能抖抖羽毛，猛蹬一下腿，飞回无枝可栖的天空。

人若想成功，天分和努力当然都很重要，但有时候，如果怎么努力也得不到想要的"成功"，可能你就要想想你努力的方向是否正确了。

杜甫能够名扬天下，只是因为他文章写得好吗？他被皇帝冷落，贬官也好，回不去京城当员外郎也罢，也只是因为年老体弱吗？

世界是残酷的，付出不一定总有回报；得到了回报，也不一定完全是因为之前的付出。沙鸥这样的鸟，长得再漂亮，飞得再努力，也不一定就能得到喜爱和呵护。就算遇上了好人，觉得这鸟儿不错，给它拿些吃的，再搭个窝棚，也只是它一时走运而已，不是它自己所能决定的事情啊。

人生就是这样，无论成败，都有太多偶然与必然了。

不过，这不意味着人们就可以虚度光阴、随波逐流。

杜甫没能如愿走上拯救江山社稷的大道，反倒踏上了布满沼泽和荆棘的苦旅。然而，正因为这样的阴差阳错，他才最终成了伟大的诗人。遇到无尽的困难，杜甫没有气馁或者放弃，而是竭尽全力地走出了人生的每一步。正因如此，他才能在顺境中抓住渺茫的机会，在逆境中得到独特的感悟。

杜甫让我们看到了，什么才是高尚又纯粹的中国人的灵魂。

话说回来，就算有人愿意饲养沙鸥一辈子，沙鸥也宁愿飞回广袤的天地里，继续过着天天为食物发愁却能自由翱翔的日子，不是吗？

杜甫也一样，就算有"捷径"可走，让他轻易得到权力和地位，他也注定会选择艰难却问心无愧的路，踏踏实实走完他的人生。

小吏最相轻

大历三年（768）暮春时节，杜甫到了江陵。他先去拜访了一圈当地的官员和老友，再去西北边的当阳找杜观，在他家安置下了妻子和儿女。

杜甫特地拜访了江陵的两位官员。一位是江陵尹[1]卫伯玉，另一

---

[1] 江陵尹：江陵的长官。

位是卫伯玉的行军司马❶杜位。

杜位是杜甫的同族兄弟，两人关系一直很好。快二十年前，杜甫在长安打拼的时候，杜位是李林甫的女婿，混得风生水起。杜甫经常找他玩，除夕夜还在他家喝醉了。后来，杨国忠铲除李林甫亲友，杜位也被牵连，流放到了岭南，好多年后仕途才有起色。这么多年来，杜甫一直牵挂着杜位，刚到江陵下了船，就带着家人冒雨去了他家。

说起这卫伯玉，他可不是一般人，他曾经率领精锐的神策军抗击叛军，在平定安史之乱时立下赫赫战功。如今，卫伯玉是荆南节度使，管着好大一块地盘。

卫伯玉跟柏茂琳关系非同一般。关于杜甫的事，柏茂琳大概跟他提前打过招呼。所以，杜甫一来，就受到了卫伯玉的热情款待。这位大人喜欢交往文人墨客，杜甫便又做起自己擅长却痛恨的老本行——陪着赴宴出游，写些歌功颂德的诗文。

卫伯玉盖了座楼，要当地文人挨个作诗庆贺。杜甫作了一首诗，卫伯玉嫌差点意思，杜甫就只好硬着头皮，又作了一首。

杜甫把卫伯玉比作汉代的梁孝王刘武，又自比为司马相如❷，在他麾下写诗作赋。梁孝王抗击七国之乱，是汉家天下的忠实守护者。司马相如是汉赋大师，杜甫也是献三大礼赋一战成名。用上这个典故，杜甫把自己捧高了一点点，勉强挽回了几分颜面，不显得太过卑微。

---

❶ 行军司马：节度使下属官员，主要辅佐军务。
❷ 司马相如：汉代著名文学家，尤其擅长辞赋创作。

为了生存，杜甫别无选择，只能堆笑脸，说些违心的奉承话。不过，现在的杜甫可跟在长安的时候不一样了，有了绝对不能退让的底线。

就算是场合奉承，杜甫也要挺直了腰板。❶

到了夏天，杜甫的境况急转直下。

老婆和孩子从当阳发来一封又一封信，说他们饿到不行，菜粥都吃不上了。大热天的，杜甫身体不好，也只能忍着，乘船去附近的县城，挨家挨户找朋友借钱。他吞吞吐吐，嘴里重复念叨着"一定报答您的恩情"。然而世态炎凉，杜甫处处吃闭门羹。

杜甫拄着拐杖去找一位朋友时，竟然被一个看大门的鄙视了："您呀，呵呵，要是坐着轿子来，我就马上进去通报！"

苦摇求食尾，常曝报恩腮。

结舌防谗柄，探肠有祸胎。

苍茫步兵哭，展转仲宣哀。

饥籍家家米，愁征处处杯。

——《秋日荆南述怀三十韵》

---

❶ 参见《又作此奉卫王》《短歌行赠王郎司直》。

杜甫怎么突然这么惨了？

很明显，不知什么原因，他得罪了卫伯玉，没法在江陵混下去了。

大历三年（768）四月，西川节度使崔旰刚一入朝，泸州刺史杨子琳就往成都打过来了，没攻下成都，扭头就攻占了夔州。

夔州离江陵不远，卫伯玉是怎么对付杨子琳的呢？他不但不出兵平叛，反倒帮这反贼说好话，劝朝廷干脆让杨子琳管理夔州得了。这样一来，他不但不用跟杨子琳拼杀，还让对方欠了自己一个大人情。他的这种毫无正义感可言的处理方式，杜甫知道后，自然气不打一处来。

经过一段时间的相处，杜甫肯定能看出来，卫伯玉铺张浪费又爱慕虚荣，老奸巨猾，更没有正义之心，只为自己的利益着想。

杜甫心直口快又疾恶如仇，跟卫伯玉这样的上司绝对相处不来。要是再有小人吹耳边风，说杜甫的坏话，卫伯玉十有八九就会很讨厌杜甫。

暮秋时节，杜甫又饿又愁，实在走投无路，只能带着家人离开江陵。

杜甫本以为能在这儿安顿下来，没想到，待了半年，就落荒而逃了。可问题是，现在他能去哪儿呢？

四川的各方势力正斗得乐此不疲，回夔州肯定是不可能了。

如果按原计划，往北走，先去襄阳，再去洛阳呢？

首先，杜甫家人那么多，还有各种行李，坐车北上所需的路费实在太贵了。别说洛阳了,杜甫可能连附近的襄阳都去不起。

另外,挑这个时间点回洛阳,也不是一个好主意。十万吐蕃大军正大举进攻灵武,长安附近全线戒严。只怕他还没接近洛阳,就被军队给拦下了。

往东去吴越地区倒是安全些,还能顺便找找失散的弟弟杜丰。可问题是,杜丰音信全无,一点儿线索都没有,找他就像大海捞针一样困难。

唉,还是先解决吃饭问题,再从长计议吧……

想了一圈,杜甫只能先往南走,带着家人去了江陵南边不远处的公安❶。公安的县官对杜甫挺不错的,留他住了好几个月。

都说"患难见真情"。杜甫现在又穷又病,根本没有希望回朝当官,更别提大富大贵了。而这时不图任何回报,依然愿意向这一家人伸出援手的,才是真正的朋友啊。❷

---

❶ 公安:今湖北省荆州市公安县一带。
❷ 参见《移居公安敬赠卫大郎钧》。

登岳阳楼

从公安离开，杜甫带着家人乘船沿着长江往东走。杜甫起初想去庐山，后来终于拿定了主意：先去岳州❶过年，再到汉阳❷，沿着汉江往上走，去襄阳隐居。

杜氏家族杜甫这一支的祖籍在襄阳。洛阳回不去，能在襄阳留下，也不错了。

这天傍晚，杜甫到了岳州。这座城没给他们好脸色，用冰寒的天气欢迎这一船疲惫又饥饿的旅客。江上风疾浪大，雪花漫天飞舞。船光是靠岸停稳就很费劲了，实在不好再连夜赶路。杜甫便把船停在岳州城下，慢慢等北风停歇。

杜甫一家就这样熬了好几天。好在有当地刺史接待，他们才熬过了这一段艰难的日子。

到了岳州，就算别的地方没心情看，岳阳楼还是要去一趟的。

杜甫早就听说过天下闻名的岳阳楼。等天气稍微好些，身体感觉

---

❶ 岳州：今湖南省岳阳市一带。
❷ 汉阳：今湖北省武汉市汉阳区一带。

也不错,他就登上了这座位于洞庭湖畔的雄伟城楼。

放眼望去,视线所及之处都是浩荡无边的洞庭湖水。如果此刻飞上天空,就能看见广阔的东南大地上豁开了一道碧绿的口子,把吴楚两地分隔开来。湖面上,耀眼的太阳和朵朵云彩都倒映其中,随着波光起起伏伏。到了夜晚,月亮和星海全被湖面纳入怀抱,在水中摇曳生姿。

"念天地之悠悠,独怆然而涕下。"❶

这么多年来,杜甫的亲友们一个个消失无踪,不是去世了,就是断了联系。他们有的一辈子默默无闻,有的可能立下过盖世奇功。然而,一个人就算再伟大,和浩瀚的天地自然相比,也不过是落入汪洋大海的一片树叶啊。

杜甫拼搏了一辈子,除了这艘木船和足可装满书囊的诗文,一无所有。北方边关战事不绝,他却还在为自家人的生存疲于奔命,一点儿忙都帮不上。唉,不管是自己的"小家",还是唐朝天下的"大家",杜甫都有心无力。

想到这里,杜甫再也忍不住撕心裂肺的悲痛,倚着栏杆,泪流满面。

昔闻洞庭水,今上岳阳楼。

---

❶ 出自陈子昂《登幽州台歌》。

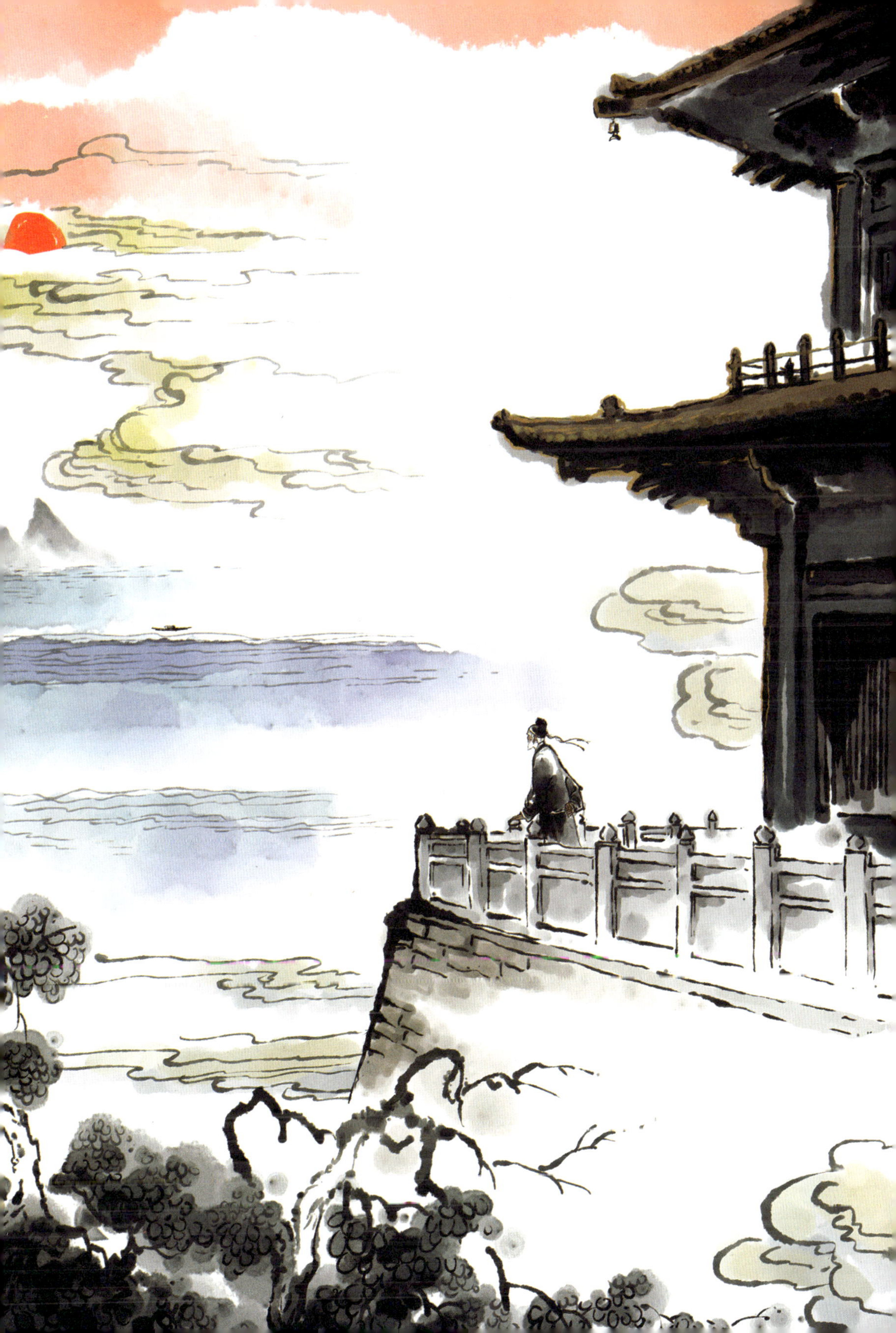

吴楚东南坼❶，乾坤❷日夜浮。

亲朋无一字❸，老病有孤舟。

戎马关山北❹，凭轩❺涕泗流。

——《登岳阳楼》

在朝廷做官的时候，杜甫满心挂念的是草野田地间的百姓；而当他身处蛮荒江湖之中时，也未曾忘记过千千万万百姓的苦难。

无论何时何地，杜甫的心里都装满了挂念与忧愁，他又怎能快乐得起来呢？

两百多年后，宋代的范仲淹也来到这座楼上，写下了千古名作《岳阳楼记》。里面有一句"先天下之忧而忧，后天下之乐而乐"，成了后世无数仁人志士的座右铭。

用这句话来形容杜甫，是最合适不过了。

---

❶ 坼（chè）：分裂。
❷ 乾坤：此处指日月。
❸ 无一字：没有音信。
❹ 关山北：北方边境。
❺ 凭轩：靠着栏杆。

第三次望岳

离开岳州，杜甫又改了主意，不去襄阳了。他打算穿过洞庭湖，沿着湘江逆流南下，去衡州❶投奔一个叫韦之晋的老友。

来到湘江，杜甫边走边叹息——这边也太荒凉了！

一般来说，有水的地方就有人烟，总能见到捕鱼和取水的百姓。然而，当时的湖南远离中原，经济欠发达，还是帝王流放罪人的地方。屈原当年被楚王流放，就来到洞庭湖和湘江这边，写下了许多不朽的诗篇。西汉时候的名臣贾谊因为遭人排挤，也被贬到长沙，郁郁不得志。

这里的江水倒是清雅极了，只可惜，走在路上半天都不见个人影，叫人越走越慌。

快到清明节的时候，杜甫乘坐的船来到了潭州❷。这里有很多历朝历代被贬过来的名人留下的古迹。杜甫稍微逛了几天，就又急匆匆启程，继续往衡州去。

---

❶ 衡州：今湖南省衡阳市一带。
❷ 潭州：今湖南省长沙市一带。

杜甫虽然官运不佳，朋友却不少，很多地方都有熟人。大家看见杜甫苍老又憔悴的模样，不由得心生感伤，总要留他一块吃个饭、喝个酒再让他继续赶路。

路过南岳衡山的时候，杜甫写下了他人生中的第三首《望岳》诗。

开元二十四年（736），二十五岁的杜甫说出了"会当凌绝顶，一览众山小"的豪迈话语，登上了东岳泰山。他当时豪情万丈，不把科举失败当回事，觉得前途依旧一片光明。

乾元元年（758），四十七岁的杜甫失去了皇帝的宠信，在华州做着鸡毛蒜皮的工作。他眺望西岳华山，写下了"稍待秋风凉冷后，高寻白帝问真源"。华山如此高耸险峻，难以攀登，然而，杜甫却依然想找一条登顶的路，回到君王面前。

大历四年（769），五十八岁的杜甫乘船经过南岳衡山。这一次，他没有时间慢慢游览观光，也再没有力气登上峰顶了。此时的唐王朝已是危机四伏，杜甫只能默默为大唐和皇帝祈祷，希望能发生什么奇迹，拯救这个风雨飘摇的国家。❶

千里迢迢，杜甫总算到了衡州。然而，刚到衡州，杜甫就得知一个消息——韦之晋调去潭州了！

杜甫真是哭笑不得啊。他才刚从潭州赶过来，人家却大步流星去潭州赴任了！

---

❶ 参见《岳麓山道林二寺行》《发衡州》《望岳（南岳配朱鸟）》。

按理说，杜甫可以再回潭州，他之所以没立即行动，大概是身体又不舒服了，就先留在衡州养病，想等身体好点了，再去找韦之晋。

可谁又能想到，韦之晋去潭州以后，没多久就病死了！

噩耗传到衡州，杜甫伤心欲绝。世上又少了一位对他真心相待的朋友不说，百姓也少了一位好官！

杜甫在衡州待不下去，还是回到了潭州。一直到秋天，他都在潭州江边的一座阁楼上躺着养病。杜甫每天无事可做，除了写诗，就是呆呆望着窗外的江涛，看着波涛来去，一遍遍怀念自己几十年间经历的美好。

等天气凉快些了，杜甫总算有了点力气，又开始参加各种聚会。

不知道从什么时候开始，杜甫已不再觉得参加聚会费心费神了。宴会上那么多官员，跟他们说几句漂亮话也好，拿八竿子打不着的祖上关系套套近乎也罢，其实也没什么大不了的，不是吗？

杜甫在楚地漂泊，思念故乡却回不去，就地养老又养不起。他就像一匹老马，整天待在小小的马房里，除了啃干草，就是透过窗看天边的日月和浮云。

老马眼中依然有着日行千里的渴望，走过的路都还无比清晰地印刻在脑海中，无论如何都不会迷途。可它的余生，却只能在一间小马房里度过了。

或许，都已经是老马了，就不该再想着驰骋沙场了……

杜甫的雄心依然没有被磨灭。就算确实没有希望再登庙堂、安抚百姓，可至少他还能在一些人的心里留下点什么，让他们确信，他曾真真切切地活在这个世上。

　　如果所有人都忘了杜甫，他就真的死了，彻彻底底地死了。

诗词赏析

移居公安敬赠卫大郎钧

卫侯❶不易得，余病汝知之。
雅量涵高远，清襟照等夷❷。
平生感意气，少小爱文词。
江海由来合，风云若有期。
形容劳宇宙，质朴谢轩墀❸。
自古幽人泣，流年壮士悲。
水烟通径草，秋露接园葵。
入邑豺狼斗❹，伤弓❺鸟雀饥。
白头供宴语，乌几伴栖迟❻。
交态❼遭轻薄，今朝豁所思。

注释

❶ 卫侯：指卫钧，唐代公安文士，"侯"为尊称，非官职。

❷ 等夷：同辈，典出《史记》。

❸ 轩墀（chí）：宫殿台阶，代指朝廷。

❹ 豺狼斗：比喻官场倾轧或战乱动荡。当时的公安是兵家要地。
❺ 伤弓：化用"惊弓之鸟"典故，喻百姓饱受战乱之苦。
❻ 栖迟：漂泊失意。
❼ 交态：世态人情。

译文

像卫侯这样高洁的人实在难得，我一身病痛唯有你知晓体谅。你的胸怀包容天地志向高远，清高的襟怀如明镜映照同辈。你一生重情重义，年少时便以文采见长。志趣相投者终会如江海汇流，风云际会也自有天意。我的容貌因漂泊天地间而衰老，我的本心质朴想远离朝堂。自古以来，幽居的人常常哭泣，时光流逝，壮士也会感到悲伤。升腾的水汽弥漫在小路上的野草间，园中的葵菜上沾满了秋天的露水。城中"豺狼"争斗不休，惊弓之鸟般的饥民陷入绝境。我这白发老朽只能陪你宴饮闲谈，唯有一张乌木桌几伴我漂泊栖身。此前我饱尝世态炎凉，今日与你倾谈方得释怀。

拨开历史迷雾

安史之乱与南方经济的崛起

安史之乱对唐朝的影响，是广泛而深远的。这场战争大大削弱了唐朝中央政权的威信和统治力，也使唐朝的边防严重受损，国家陷入长期动荡不安的局面。

安史之乱更使大量北方百姓倾家荡产、流离失所。即便是战争结束很久后，北方的经济也没有得到恢复。富豪地主乘机吞并了许多土地，进一步加剧了社会的贫富差距和阶级分化。

不过，经过了安史之乱，南方经济反而愈加繁荣，经济发展也相对较好，这是为什么呢？

第一，南方承受的军事压力较小。安史之乱的战场主要在北方，南方相对远离战乱中心，没有太大的军事压力。江南地区虽然有过永王李璘之乱，但与安史之乱相比，战争规模较小，战斗范围也较为有限，很快就平定了。这就使得南方地区相对较为安定，社会秩序相对稳定，经济发展没受太大影响。

第二，南方的政治体系相对独立。安史之乱以后，南方出现了一些比较独立的节度使势力。他们和唐朝中央政府的关系没有那么紧密，在军事和政治上都有不少自主权。这样一来，他们可以更高效、灵活地调配资源来发展经济。

第三，北方百姓南迁，南方人口大量增加，并带来了充足的劳动力和多元的文化。许多百姓为了躲避战乱，保护自己的生命财产，纷纷南渡到相对较为安定的南方地区。广州、扬州、杭州等城市变得热闹非凡，繁荣起来。不同地域人口的聚居还带来了文化的碰撞和融合，尤其是大量北方文人士族和艺术家也来到南方，北方文化在南方得以传承和发展，形成了新的南北文化兼收并蓄的文化。

另外，北方百姓的到来也极大促进了南方农业的发展。他们和南方人一起，把大片荒地开垦成适宜种植粮食的良田，兴修了更多的水利工程。他们还带来了先进的农业生产技术和经验，大大提高了水稻和小麦的产量。

因此，安史之乱虽然给唐朝的统治和北方地区的经济带来了沉重的打击，但却因此让南方地区有了新发展。

古代，中国经济重心的"南移"是一个漫长的过程。

早在魏晋南北朝时期，南方政权因相对独立、战乱较少，南方经济就已经在追赶北方了。安史之乱后，到了唐朝中晚期，南北经济发展水平已经基本相当。等到南宋时期，杭州成为南宋京城，南方已然成了全国经济的重心，赶超北方了。

第八章
落花时节

唐代宗大历五年（770）

未读的来信

入冬以后,江面上飞起鹅毛大雪,长江成了冰雪精灵的游乐场。

杜甫现在的名气可不小,全国各地的信件像雪花一样飞来,每个月都会收到厚厚一大捆。读信和回信,成了杜甫的乐事。

多少年来,每一封信,杜甫都视若珍宝,小心珍藏着。闲着没事的时候,他就把以前的来信和赠诗都翻出来看,一张又一张,看了一遍又一遍。

这些都是杜甫来过这个世界的证据,也都是这个世界馈赠给他的宝贝礼物。

又到了新年,这天,杜甫正在整理他那些收藏品呢,突然掉出来一张泛黄的信笺,看着有些年头了。

随手打开一看,杜甫的眼眶瞬间就红了——

那是九年前,杜甫正在成都过第二个年。正月初七这一天,高适在蜀州思念杜甫,就写了一首诗《人日寄杜二拾遗》寄了过来:

"我这刺史啊,当得可真憋屈,什么大事都做不了,整天白操心!杜甫你这么有才华,也跑到这么偏僻的地方干躺着。我帮不上你什么忙，可真难受啊！"

杜甫可能压根没看到这封信，或者看过以后，忙着忙着，就忘了回信。于是这封信就在时光里被尘封了快十年。

等这首诗重见天日，高适都去世五年了。

杜甫一字一句读完老友的赠诗，思绪一下子飞回了三十多年前。杜甫当时进士落榜没多久，还算风华正茂，在汶上认识了面黄肌瘦的高适。

那时候，两人无边无际地畅谈理想，一边痛斥社会的腐败与黑暗，一边畅想着他日为官如何辅佐君王、让百姓安居乐业。杜甫和高适喝多了酒，就望着漫天星辰，在最明亮的那些星星中间，寻找着自己的位置！

一年过去，五年过去，十年过去，三十年过去……

杜甫的仕途好不容易往上冲了几步，就在下坡路上一去不复返了。高适却在漫长的蛰伏之后，等来了自己的高光时刻。快五十岁时，高适终于当上节度使，成为镇守一方的大将。然而，碰上强敌吐蕃，高适却用一场场败仗输掉了自己的锐气和骄傲，辜负了所有人的信任和期望。

几十年积攒下来的威望，全都化为乌有。哪怕是好友杜甫，都对高适没了信心，在诗中表达过对他统帅援军的不满和对百姓生计的忧愁。可想而知，那时的高适心中会有多么惶恐、失落和自责！

皇帝对高适还不错，他召高适回京城，不但没怪他打了败仗，反而封了侯爵。唐朝那么多杰出的诗人，像高适这样，做到拜将封侯的，实在屈指可数。

然而,高适名气有了,地位也有了,他实现自己最初的梦想了吗?

打仗方面,高适战绩平平,远远不如郭子仪和李光弼这样力挽狂澜的名将;为官方面,他虽然做到了正三品的散骑常侍❶,却没什么实权,离真正管事还是差太远了。说白了,这个官是朝廷收走高适的兵权以后,给他发的"安慰奖"。

高适如果给自己的人生考卷打分,能打几分呢?如果连高适都觉得自己抱憾终生,那杜甫这辈子,该有多么不甘心啊!

> 开文书帙❷中,检所遗忘,因得故高常侍适❸往居在成都时,高任蜀州刺史,人日❹相忆见寄诗,泪洒行间!读终篇末!自枉❺诗,已十馀年;莫记存殁❻,又六七年矣!老病怀旧,生意可知❼。今海内忘形故人❽,独汉中王瑀❾与昭州敬使君超先❿在。

---

❶ 散骑常侍:官职名,先前是从三品散官,764年升为正三品。主要负责进谏和顾问,实际作用不大。

❷ 帙(zhì):书画的封套。

❸ 高常侍适:指高适。高适晚年最高做到正三品的散骑常侍。

❹ 人日:中国传统节日,在每年农历正月初七。传说女娲在第七天造人,因此每年的第七天就是"人日"。

❺ 枉(wǎng):白白的、徒然,指高适寄信过来却没有得到回信。

❻ 存殁(mò):生存和死亡。

❼ 老病怀旧,生意可知:此句意思是,我又老又病,越来越怀旧,可见生机还剩多少!

❽ 忘形故人:相见可以无须拘束的老朋友,指至交好友。

❾ 汉中王瑀(yǔ):指李瑀,唐睿宗李旦的孙子,唐玄宗大哥李宪的儿子。

❿ 敬使君超先:指敬超先,可能在昭州(今广西省平乐县一带)做过刺史。

爱而不见，情见乎辞。大历五年正月二十一日，却追酬❶高公比作，因寄王及敬弟。

自蒙蜀州人日作，不意清诗久零落。
今晨散帙眼忽开，迸泪❷幽吟事如昨。
呜呼壮士多慷慨，合沓❸高名动寥廓❹。
叹我凄凄求友篇❺，感时郁郁❻匡君略❼。
锦里春光空烂熳，瑶墀❽侍臣❾已冥莫❿。
潇湘水国⓫傍鼋鼍⓬，鄠杜⓭秋天失雕鹗⓮。
东西南北更谁论？白首扁舟病独存！

❶ 追酬：追加的酬谢、回应。
❷ 迸泪：迸发泪水，形容伤心痛哭的样子。
❸ 合沓（tà）：重叠，指高适威名赫赫。
❹ 动寥廓（liáo kuò）：形容震动天地。寥廓，空旷深远的样子，或指天空、天地。
❺ 求友篇：指赠诗。
❻ 郁郁：不得志。
❼ 匡君略：辅佐君王的治世之才。
❽ 瑶墀（yáo chí）：玉石制成的台阶，指朝廷。
❾ 侍臣：指高适。
❿ 冥莫：指死亡。
⓫ 潇湘水国：指杜甫所在的潭州，在湘江流域。
⓬ 鼋鼍（yuán tuó）：巨鳖和扬子鳄。
⓭ 鄠（hù）杜：鄠县与杜陵，指长安。鄠县和杜陵都在今天的陕西省西安市南边，高适在长安去世。
⓮ 雕鹗（diāo è）：雕与鹗，都是猛禽，在秋天比较活跃，比喻才华和威望都超群的人。

> 遥拱北辰❶缠寇盗，欲倾东海洗乾坤。
>
> 边塞西蕃最充斥，衣冠南渡多崩奔❷。
>
> 鼓瑟至今悲帝子❸，曳裾❹何处觅王门❺？
>
> 文章曹植波澜阔，服食刘安❻德业尊。
>
> 长笛谁能乱愁思❼，昭州词翰与招魂❽！
>
> ——《追酬故高蜀州人日见寄（并序）》

近十年后，杜甫终于写了回信，收件人却已不在人世。

思来想去，杜甫抄了两份给高适的回诗，寄给汉中王李瑀和昭州刺史敬超先——此时还活着的，什么事都能聊的那种知心老友，就剩这两位了。

---

❶ 北辰：指长安。

❷ 衣冠南渡多崩奔：安史之乱以后，中原官员和百姓很多都去了南方。崩奔，仓皇逃窜。

❸ 帝子：指尧的两个女儿娥皇和女英，都嫁给了舜。舜死后，娥皇和女英都投江而死，成为湘江女神。

❹ 曳裾（yè jū）：拖着衣襟，指杜甫在权贵门下做客人。

❺ 王门：可能指长安，也可能指汉中王李瑀，因为这首诗也会转寄给他。

❻ 刘安：西汉淮南王，汉高祖刘邦的孙子，文学家、道学家、思想家。

❼ 长笛邻家乱愁思：这里用了晋朝名士向秀与嵇（jī）康的典故，比喻自己思念高适之深。嵇康被司马昭处死后，向秀路过他的旧居，听见邻居吹笛声，思念嵇康，就创作了《思旧赋》。

❽ 昭州词翰与招魂：接上句，意思是杜甫自己思绪混乱，无法动笔，请敬超先像宋玉给屈原写《招魂》一样，替自己给高适写一篇好的悼文。

江南遇故人

不照镜子，人通常很难想象，时光竟然在自己的身上留下了那么多痕迹。

再惨痛的记忆，都会被时间慢慢抚平。如果不是跟老熟人聊起往事，杜甫自己都不相信，那些听起来很不可思议的事情，竟然都是自己的经历。

杜甫在潭州遇到了不少故人。每次跟他们聊起旧事，他脑海里那些早已褪去颜色的陈年往事，就又变得鲜活起来。

安史之乱的时候，杜甫一家顶着大雨从白水狼狈逃命，杜甫不幸遇险，多亏一位重表侄王砅相救，才得以逃生。十多年不见，这次王砅正好去岭南出差，竟然在潭州和杜甫重逢了。

人生就是这样奇妙。就是因为生命里出现了一位王砅这样的过客，杜甫才能在生死关头保全自己的性命。而王砅有心或无心做的一件小事，就这样永远改变了他人的人生轨迹，也让自己的人生走向不一样的结局。

春来,春去,又到了花朵飘零的时节。

在一场宴会上,杜甫遇见了一个很特别的熟人。

十多岁的时候,杜甫不是经常去洛阳名流家里串门,和达官贵人们谈笑风生吗?唐朝时,主人办宴会,经常会请有名的艺术家过来,为大家唱歌跳舞、弹几首曲子助助兴。在那天的宴会上,就有一位杰出的音乐家,叫李龟年。

李龟年不但唱歌特别动听,还精通各种乐器。他是唐玄宗的宠臣、宫廷乐队的大明星,不是一般人能请得到的。

王公贵族都争相跟李龟年交往。谁家要是能请动他大驾光临来府上表演,别提多有面子了。

那时候，杜甫还是个意气风发的小伙子，在他的眼中，美好的事物似乎都唾手可得。见一回李龟年，他也不觉得有多稀罕。在岐王李范的大宅子里，杜甫时常和这位音乐家见面；在皇帝宠臣崔澄家的厅堂前，杜甫也不时能听到李龟年的歌声。

然而，战火席卷洛阳以后，百官仓皇出逃，李龟年也不得不放弃荣华富贵，流落到"江南西道"地区。为了生存，这位老艺术家不得不放下架子，为一些以前根本不屑搭理的小官卖艺。

李龟年常唱王维的诗歌，这算是他的保留曲目。歌声里，满是他对美好过去和故人的哀思。听他唱歌的人，往往会被他的歌声感染，陷入悲伤的回忆中去。

"红豆生南国，春来发几枝。愿君多采撷，此物最相思。"❶

官军收复长安和洛阳以后，李龟年再也没北归中原。这位敏感又浪漫的艺术家明白，承载他无数回忆的那些亭台楼阁，如今只剩下一片断壁残垣。李龟年不忍目睹长安和洛阳被摧毁后的样子，宁愿它们像当年歌舞升平的大唐盛世一般，永远是自己记忆中的模样。

杜甫在异乡见到比他还年老的李龟年，第一眼差点儿没认出来。直到这位艺术家张开口，熟悉却又带着点沧桑感的歌声响起，杜甫才惊讶地发现眼前这人竟是老友李龟年。刹那间，他仿佛又回到了那些

---

❶ 出自王维《相思》。这首诗又名《江上赠李龟年》，是李龟年经常演唱的歌曲。

最幸福、最闪耀的日子。

如今，不再有奢华的盛宴，也不再有意气风发的青春，只剩下满地堆积的残碎花瓣，和两个苦笑着望向彼此的老头子。

岐王宅里寻常见，崔九堂前几度闻。
正是江南好风景，落花时节又逢君。

——《江南逢李龟年》

最后的逃难

大半夜的，杜甫猛然惊醒。

杜甫打开窗，号哭和尖叫声瞬间填满了他的耳朵，两眼也被冲天的火光和血光占据。他心中一片茫然，不知道自己是不是做了一个恐怖的梦。

突然，杜甫醒悟过来——潭州出事了！

绝对不能留在城里，得赶快逃！

原来，湖南的武将嚣张惯了，向来不服管教。一个叫臧玠的兵马使，忌恨新来的上司崔瓘，就带兵杀了他。这帮叛军收不住手，在潭州城里横冲直撞，到处杀人放火。百姓们从梦中惊醒，纷纷夺路而逃。杜甫一家什么都顾不上收拾，就向城外逃去。

为了躲开豺狼似的叛军，杜甫的儿子带领全家走小路、钻树林，特意绕了一个大圈子出城。一家人脚底磨出了血泡、扎了刺也不敢喊痛，总算逃回他家那条船上。还好，杜甫本来就没想在潭州长住，行李基本都堆在船上，大多没拿下来。一上船，杜甫一家就飞也似的逃离了潭州。

杜甫的后半生，战争和叛乱总是跟在他屁股后面，甩都甩不掉。

当年，安史叛军逼近长安以后，杜甫带着全家逃难；刚走出成都去送严武，徐知道就反了；离开成都去夔州，将领们又打起来了；出三峡去了江陵，杨子琳就随后攻陷了夔州；重回潭州没多久，潭州又闹起来了……

现在的大唐，到处都是拥兵自重的军阀。天高皇帝远，当朝廷无力控制每一寸国土的时候，一堆"土皇帝"就跳出来了。

杜甫一路寻找安全的地方，却几乎每到一处，那里便很快陷入战火——这难道不是很荒诞吗？如果全天下都找不到一家人的容身之处，这个国家还会好吗？

五十白头翁，南北逃世难❶。

---

❶ 南北逃世难：从安史之乱开始，杜甫从南到北，一直在逃难。

> 疏布缠枯骨，奔走苦不暖。
>
> 已衰病方入，四海一涂炭[1]。
>
> 乾坤万里内，莫见容身畔[2]。
>
> 妻孥[3]复[4]随我，回首共悲叹。
>
> 故国莽丘墟[5]，邻里各分散。
>
> 归路从此迷，涕尽湘江岸。
>
> ——《逃难》

杜甫第二次沿着湘江逆流而上，经过衡山，来到衡州。

衡州刺史阳济和另外两个刺史联手，准备一起讨伐潭州叛军。不过，其中一位刺史，正是此前在四川大闹了一通的杨子琳。

杨子琳这家伙不讲信义，他带兵来到潭州，收下臧玠的贿赂就跑了！

现在，杜甫又该去哪儿呢？

衡州再往南，就是郴州。郴州的长官叫崔伟，算是杜甫的舅舅。他从郴州寄来信件，邀请杜甫前往。

杜甫已无处可去，郴州就是他最好的去处。

---

[1] 四海一涂炭：天下都生灵涂炭。
[2] 容身畔：容身之所。
[3] 妻孥（nú）：妻子和子女。
[4] 复：又一次。
[5] 莽丘墟：指洛阳一带杜甫的家乡成为一片草木废墟。

离开潭州时,又赶上酷暑天气。杜甫一家乘船开到耒阳附近的一个小驿站时,突然赶上了大暴雨。江水涨得实在太高,水流太急,船根本无法行驶。

就这样,杜甫一家被洪水困在原地,饿了整整五天。

万幸,耒阳的聂县令听说这件事后,马上派人去找杜甫,给他们送去吃的。得到聂县令的好酒好肉,饿得半死的杜甫一家才又捡回了性命。感激涕零的杜甫写了一首标题奇长无比的诗送给救命恩人。两人之前并没有见过面,聂县令这次雪中送炭,让杜甫在颠沛流离之中,感受到了一次弥足珍贵的人间真情。

未完的心愿

耒阳这边太热了,船舱里更是闷热难当。杜甫实在忍受不了,觉得郴州现在也好不到哪儿去,只会更热,就打消了继续往南的念头。在湖南兜兜转转这么久,杜甫最后决定,还得往回走,去襄阳隐居。

天气太热了,在这样的大气出远门可不是个好主意。于是,杜甫第三次来到潭州，依旧住着以前的屋子，等待夏日过去。

夏去秋来，秋风鼓动船帆，催促杜甫赶紧动身。他拜别潭州的亲友，拍了拍皱皱巴巴的衣裳，拄着拐杖上船，开始了人生的最后一次航行。

去襄阳，又是一段漫长的旅途。北穿洞庭湖，回到岳阳以后，往东北去汉阳方向，循着汉江，再一路向北去襄阳，加起来，差不多有一千四百多里的水路。

然而，杜甫熬不过这么遥远的路途了。还没到洞庭湖呢，他就在船上一病不起。

这些年，杜甫不是在路上颠簸受罪，就是在风雨中忍饥挨饿。他的心早就被国难和人间疾苦撕成了碎屑，只剩一堆老骨头，勉强支撑着身体。身体坏成这样子了，杜甫还停不下手中的酒杯，更是整宿整宿地失眠。他的病情时好时坏，生命被一点一点地透支。

最后的日子还是来了。

杜甫躺在一张破毯子上，浑身剧痛，无助地干咳着。他没好利索的肺病，也跟消渴病狼狈为奸，让他生命的烛火好似在风中摇曳，随时可能熄灭。

杜甫的肺像破了洞的风箱一样，铆足劲儿鼓气，却只能传出一声比一声嘶哑的噪音。可怜的老人又饿又渴，但他不管吃下什么东西，没一会儿就会都吐出来；无论灌下多少水，都不能缓解嗓子里那仿佛能喝下整条江水的干渴。

　　杜甫明白，这就是自己的结局了。

　　拼尽了全力，那致君尧舜的梦想，终究还是一场空。

　　杜甫就像神话中那位追逐太阳的夸父，一直向着太阳大步奔跑。夸父喝光了黄河，又喝干了渭水，还是口渴难忍。于是，他继续向北走，去找一座更大的湖，却在半路上力竭倒下。夸父虽死，他的手杖却化为　大片桃林，枝叶为人们遮阴挡雨，果实为旅人解渴消暑。

　　诗人真想拥有一根夸父那样的手杖啊，就算自己走不出人生的重

重高山，至少还能扔下手杖，支撑后来的人们继续前行。

在生命的最后时刻，杜甫依旧惦念着灾难深重的国家，忧心着痛苦日深的黎民百姓。

杜甫对远方的战火无可奈何，对身边的生离死别无能为力，就连回到故乡的心愿，都无法实现了。但直到写最后一首诗时，他还惦记着吐蕃威胁下岌岌可危的长安，愤慨着许多像臧玠这样的乱臣贼子还逍遥法外！

很多人都问，杜甫为什么不乐观点、洒脱些呢？

如果"洒脱"意味着放下执念和共情，杜甫宁可继续背负所有沉重的枷锁。他愿意燃尽生命，追寻一线拯救天下苍生的希望。

公孙❶仍恃险，侯景❷未生擒。
书信中原阔，干戈北斗❸深。
畏人❹千里井❺，问俗九州箴❻。
战血流依旧，军声动至今。

---

❶ 公孙：公孙述，东汉时仗着四川天险，割据一方。这里指割据称霸的藩镇将领。
❷ 侯景：南北朝时期梁朝将领，叛乱后自立为帝，国号汉。这里指潭州叛乱的将领。
❸ 北斗：这里指长安。
❹ 畏人：指往返长安遥遥无期。
❺ 千里井：比喻念旧不忘。
❻ 问俗九州箴（zhēn）：到九州询问风俗，比喻在异地漂泊的艰辛。

> 葛洪尸定解❶，许靖力还任。❷
> 家事丹砂诀❸，无成涕作霖❹。
> ——《风疾舟中伏枕书怀三十六韵奉呈湖南亲友》

写完这首诗，杜甫再也没了力气，永远睡了过去。他闭上眼，任凭泪水泉涌，沿着稀疏的雪白双鬓，一直淌到脑后，打湿了冰冷的枕头。

大历五年（770）冬天，杜甫在去往岳阳的船上逝世，享年五十九岁。

---

❶ 葛洪尸定解：此句意思是，这一次病重，杜甫认为自己绝不可能再活下来了。葛洪，东晋著名道士。传说他死后面色不变，身体却轻了很多。人们都以为他是"尸解成仙"了。

❷ 许靖力还任：这一句，杜甫也是在说自己必死无疑。许靖，东汉末年至三国时期人，经历过四处逃难的时期，每次都是先人后己，让亲人和随从先走，自己留后。

❸ 家事丹砂诀：意思是，说到家事，我只有一张炼金的约方（大概指自己平生所学的治国理政之法）。

❹ 无成涕作霖：意思是，到死都一事无成（指治国理政方面），只能泪如雨下。

尾声

杜甫抛下无依无靠的妻子和儿女,走完了苦难的一生。

俗话说,将门无犬子。杜甫天纵奇才,孩子应该也不会太差吧?父亲未完成的心愿,如果孩子们能为他实现,也算有一个好的结局了。

可惜,人生并不是童话故事,没有那么多美满的结局。

杜甫有两个儿子,大儿子叫杜宗文,小儿子叫杜宗武。杜甫去世的时候,他们一个二十二岁,一个十七岁。这些年来,两个儿子光顾着跟父亲挣扎求生,错过了最该接受良好教育的年龄。他们没走升学考试的"正路",当然不可能在官场上出人头地。

杜甫隐居田园那些年,大儿子杜宗文给家里出力最多。杜甫知道长子才华有限,没指望他当大学问家,只是整天催他干农活,做些修鸡窝之类的琐事。

比起大儿子,杜甫明显更偏爱小儿子杜宗武,整天夸他聪明、有前途。杜甫可能看到了宗武身上的文学天分,就让他从小背诗、写诗。宗武不光要背那些有名的诗,更要背杜甫写的诗——可不能让老爹引以为豪的作品没有传人啊!

杜甫总说自己一事无成。可每次一提到自己的诗，他就挺起胸膛："我们家族代代相传的事业，就是写诗啊！"

只可惜，杜宗武就算有点文采，在那样一个多少奇才都被埋没的乱世里，也根本不可能混出头。

然而，杜甫对儿子的期望和培养并没有白费。

尽管孩子们没得到什么功名，但杜甫一直以身作则，用行动告诉孩子：就算只能做普通人，也要当个好人；哪怕不能光宗耀祖，也绝不做伤天害理的事情，让祖先和家人蒙羞。❶

回家的愿望，最终还是由杜甫的孙子帮他实现了。

杜甫死后，妻子和子女更加贫苦，无力回河南偃师的家族墓地安葬他，只好就近将他埋在岳阳。直到四十多年后，杜宗武的儿子杜嗣业铭记父亲的遗愿，四处求人，才终于凑够了路费和安葬费。

祖父的遗体，可以落叶归根了。

杜嗣业眼含泪光，陪伴着杜甫的灵柩，乘船一路北上。祖父没能走完的回家之路，如今风涛依旧，曾经的大唐王朝，却早已物是人非了。

路过荆州时，杜嗣业正好遇见著名诗人元稹❷。

元稹一直很喜欢杜甫的诗。在他看来，杜甫是有史以来最伟大的

---

❶ 参见《催宗文树鸡栅》《元日示宗武》《宗武生日》《又示两儿》。

❷ 元稹（zhěn）：唐代著名官员、文学家、诗人、小说家，著有《西厢记》的原型传奇小说《莺莺传》。

诗人，不光继承发扬了古人写诗的风格和气势，还博采众长，吸纳了当时很多优秀诗人的长处。

杜甫能写其他诗人写不了的题材，更能写出很多诗人都写不出的思想情感。哪怕是诗仙李白，他在长篇律诗❶这种很难写的文体上，也是完全不能跟杜甫相比的。

杜嗣业知道元稹敬爱杜甫，就求他为爷爷写了墓志铭。

唐宪宗元和八年（813），杜甫去世四十三年后，他的身体终于结束了流浪，回到了魂牵梦萦的故乡，和妻子合葬在首阳山下的家族墓地。

倘若杜甫真有在天之灵，此刻，面对列祖列宗，回顾自己三十岁时许下的誓言，他可能会觉得惋惜、感到遗憾，但一定是问心无愧的。

杜甫对国家和人民的热爱，对真理和正义的执着追求，对善良和美好的真诚守护，都在他的诗文和故事里传承下来，成为另一种永恒。

---

❶ 长篇律诗：又称排律，是长篇的律诗。因为写作限制过多，很难写出名作。

诗词赏析

宗武生日

小子①何时见②？高秋③此日生。
自从都邑④语，已伴老夫名。
诗是吾家事⑤，人传世上情⑥。
熟精《文选》⑦理，休觅彩衣轻⑧。
凋瘵⑨筵初秩⑩，欹斜⑪坐不成。
流霞⑫分片片，涓滴⑬就徐倾。

注释

❶ 小子：指杜甫幼子杜宗武，乳名"骥子"。

❷ 见（xiàn）：同"现"，出生。

❸ 高秋：秋季八九月，暗合宗武出生时节。

❹ 都邑：即成都。

❺ 吾家事：杜甫祖父杜审言为初唐"文章四友"之一，家族以诗学传世。

❻ 人传世上情：承上句，意为诗是杜家祖辈相传的事业，人们会以为我在成都给你写诗，这只是世间寻常的父子情。

❼ 《文选》：南朝梁萧统编《文选》，杜甫曾研习此书成诗，故勉励宗武精读。

❽ 彩衣轻：反用"彩衣娱亲"的典故，批判浮夸的孝行，强调务实学问。

❾ 凋瘵（zhài）：年老多病。

❿ 筵初秩：生日宴刚刚排好。另有解释为，十岁为一秩，初秩即第一个十年，此时宗武十三岁，此处为约指。

⓫ 欹（qī）斜：倾斜，歪斜。杜甫衰弱多病，筵席间不能端坐，故云"欹斜"。

⓬ 流霞：仙酒美称，喻祝寿之酒；亦暗喻浮云，寄寓人生虚幻。流霞亦指浮动的彩云，联想到仙人餐霞，故云"分片片"。

⓭ 涓滴：一滴滴。因病只能小口饮酒，呼应"凋瘵"，凸显生命暮年的无力感。

译文

孩子啊你何时降生？正是在这高爽的秋日里。自从我在成都写下那些诗篇，你的名字便与我这老父的诗名相伴。写诗是咱们杜家的使命，世人却只当是寻常父子之情。你要深研《文选》精髓，莫学老莱子彩衣娱亲的虚浮孝行！我这病弱老父勉强为你摆起生辰宴，却歪斜着身子连坐也坐不端正。杯中酒如流霞般绚烂，我却只能颤巍巍啜饮几滴。

拨开历史迷雾

杜甫死因之谜

关于杜甫最后的结局，历朝历代很多学者都莫衷一是、争论不休。

第一种说法，也是最令人扼腕叹息的一种，说杜甫是撑死的！

杜甫去世七八十年以后，唐人郑处诲在《明皇杂录》中提出，杜甫在耒阳因为暴饮暴食而死。后来的史书《旧唐书》和《新唐书》也基本一样，都说杜甫在聂县令送来酒肉以后，一口气吃了太多，当晚就去世了。

郭沫若老先生甚至大胆想象：天气炎热，酒肉很有可能都变质了。杜甫饥不择食，不管那么多，狼吞虎咽吃下去，应该是食物中毒而死！

第二种说法，说杜甫是淹死的。

这个观点主要来自民间，主要出自唐人李观的《杜传补遗》。李观认为，聂县令派去的人没有照顾好杜甫，让他喝醉酒以后被暴涨的江水淹死了。唐玄宗后来思念杜甫，就满天下寻人。聂县令怕自己怠慢杜甫的事被皇帝知晓，就在耒阳造了个杜甫墓，说杜甫是吃多了酒肉撑死的。

第三种说法，说杜甫是病死的。

我们之前说过，杜甫患有重度消渴病，也就是糖尿病，他身上的好多症状，比如整日口渴、手脚疼痛、眼盲、耳聋等，都是典型的糖尿病并发症。《风疾舟中伏枕书怀三十六韵奉呈湖南亲友》这首诗，也被很多人认为是杜甫告别世界的绝笔，写在770年冬天，杜甫从潭州前往岳阳的路上。

杜甫是夏天被困耒阳的。写最后一首诗的时候，已经过去好几个月了。这段时间，他还写了《回棹》《登舟将适汉阳》等好几首诗，明确表明他没去郴州，而是回了潭州，然后继续去往岳阳。因此，杜甫不太可能是在耒阳去世的。

说杜甫撑死或者淹死的那些史书，其实都不太可信。

比如说，《旧唐书》说杜甫766年就死了。那时候，人家还没出三峡呢，怎么可能死在耒阳？

再有，杜甫答谢聂县令的那首诗，题目写得挺清楚，人家聂县令并没有亲自来看望杜甫，而是派了仆人带着书信和酒肉过去。很明显，《明皇杂录》、《旧唐书》和《新唐书》的记载都不靠谱，难以使人信服。李观的《杜传补遗》就更可笑了。唐玄宗762年就死了，怎么可能等770年杜甫死后，还满世界找他？

总之，杜甫的死亡原因，跟他的许多生平事迹一样，依旧是个谜。许多唐朝的历史和名人事迹都掩藏在厚厚的历史迷雾之中，有待更多文物的出土、史料的发现，为我们揭开历史的真相。

图书在版编目（CIP）数据

少年读杜甫.2,乱世沉浮/王兆胜,王子罕著.
青岛：青岛出版社,2024.-- ISBN 978-7-5736-2852-7
Ⅰ.K825.6-49
中国国家版本馆CIP数据核字第202561RJ04号

书　　名	少年读杜甫・乱世沉浮
著　　者	王兆胜　王子罕
绘　　图	王小坡
出版发行	青岛出版社
社　　址	青岛市崂山区海尔路182号（266061）
本社网址	http://www.qdpub.com
邮购电话	0532-68068091
策划编辑	梁　唯　王龙华
责任编辑	王龙华　王世锋　丰雅楠
装帧设计	乐唐视觉设计工作室
制　　版	青岛可视文化传媒有限公司
印　　刷	青岛乐喜力科技发展有限公司
出版日期	2025年4月第1版　2025年4月第1次印刷
开　　本	16开（710 mm×1000 mm）
总印张	24
总字数	254千
书　　号	ISBN 978-7-5736-2852-7
定　　价	78.00元（全两册）

编校印装质量、盗版监督服务电话 4006532017　0532-68068050
印刷厂服务电话 15376702107

建议陈列类别：儿童读物